# 국어가 쉬워지는
# 초등 필수 한자어휘 50

올바른초등교육연구소 지음

**들어가며**

여러분도 한자를 보고 혹은 한자 공부를 하면서 이런 생각을 해 본 적이 있나요?

"선생님, 한자 공부는 너무 어려워요."
"이 한자는 왜 이렇게 복잡해요?"
"이렇게 어려운 한자를 왜 배워야 해요?"

요즘 초등학생 중에는 한자가 어렵고 재미없다고 느끼는 친구가 많아요. 한자는 글자 모양도 복잡하고, 평소에 자주 쓰지 않아서 낯설게 느껴진다고요? 또 교과서나 책에서 한자어가 나올 때마다 '이게 무슨 뜻이지?' 하고 고개를 갸웃거리기도 했다고요? 맞아요. 선생님도 그랬어요. 하지만 한자는 여러분이 생각하는 것보다 훨씬 더 우리말을 익히는 데 중요한 역할을 해요.

### "선생님, 그럼 한자를 배우면 무엇이 좋아요?"

첫째, 단어의 뜻을 더 쉽게 이해할 수 있어요. 예를 들어, '학교' '학원'처럼 같은 한자를 가진 단어는 그 뜻도 비슷하거든요.

둘째, 교과서 속 어려운 낱말도 금방 이해할 수 있어요. '지구' '중력' 같은 단어는 모두 다 한자 어휘에요. 그래서 '땅 지(地)'라는 한자나 '힘 력(力)'이라는 한자를 미리 알고 있다면 교과서 속 단어의 뜻을 더 쉽고 빠르게 이해할 수 있어요.

셋째, 한자 공부는 어휘력도 키워줘요. 한자 어휘를 많이 알고 있으면 처음 보는 새로운 단어를 만났을 때도 그 뜻을 자연스럽게 미루어 추측할 수 있어요.

넷째, 글을 읽고 쓰는 능력도 높아져요. 한자를 알면 책 읽기가 더 쉬워지고, 알고 있는 단어가 많다 보니 글을 쓰는 데도 큰 도움이 돼요.

이처럼 한자 공부는 초등학생에게 정말 유익해요. 하지만 '한자 공부는 어려울 거야' 하는 막연한 두려움 때문에 한자 공부를 어떻게 시작해야 할지 막막한 친구도 많을 거예요.

그래서 여러분을 위해 이 책을 만들었어요. 이 책은 "어떻게 하면 한자 공부를 처음 시작하는 초등학생들이 쉽고 재미있게 한자를 익힐 수 있을까?"라는 질문에 대한 답을 찾으며 만들었답니다.

7단계로 구성되어 차근차근 쉽고 재밌게 한자를 배우는 학습법이 여러분을 기다리고 있어요. 귀여운 캐릭터와 함께 한자를 배우고 빈칸 채우기, 글 읽기 등 다양한

국어 활동을 통해 한자의 뜻과 쓰임새를 익힐 수 있어요. 이 책과 함께 한자를 배우면 한자 어휘가 우리 생활에 얼마나 많이 쓰이는지 그리고 한자가 얼마나 유용한지를 느낄 수 있을 거예요.

한자 공부가 어려운 친구들, 한자 공부를 왜 해야 하는지 모르겠는 친구들이라면 이 책으로 한자와 친해져 보세요. 이 책이 여러분의 한자 실력을 쉽고 빠르게 한 단계 더 높여줄 테니까요!

**1단계** 한자를 읽고 따라 쓰기

1단계에서는 오늘 배울 한자와 그 한자가 가진 뜻을 읽어볼 수 있어요. 한자를 따라 쓰며 한자와 친해지는 활동이에요.

## ② 기본 어휘 알아보기

**2 기본 어휘 알아보기**

**시각(時刻)**
때 **시**, 새길 **각**

시간의 어느 한 시점

**시대(時代)**
때 **시**, 대신할 **대**

지금 있는 시기

**時**

**시계(時計)**
때 **시**, 셀 **계**

시간을 재는 기계나 장치

**시차(時差)**
때 **시**, 다를 **차**

세계 각 지역의 시간 차이

2단계에서는 오늘 배울 한자와 관련된 4가지 기본 어휘를 배우게 돼요. 각각의 어휘가 가진 뜻과 쓰임새를 간단히 알아보며, 한자가 단어 속에서 어떻게 사용되는지 이해할 수 있어요.

## ③ 문장에 알맞은 어휘 찾기

**3 문장에 알맞은 어휘 찾기**

✏️ **문장의 빈칸에 들어갈 알맞은 단어를 보기에서 찾아 넣으세요.**

**보기**
공정  부정  정직  정답

1️⃣ 시험에서 _____ 행위를 하면 안 된다.

2️⃣ 게임을 할 때는 모두가 _____ 하게 규칙을 지켜야 한다.

3️⃣ 어려운 수학 문제의 _____ 을 맞히니까 기분이 좋았다.

4️⃣ _____ 하게 결정을 내리는 게 가장 중요하다.

3단계에서는 2단계에서 배운 어휘를 문장 속에 넣어보는 활동이에요. 빈칸에 알맞은 한자 단어를 넣으며 문맥에 어울리도록 한자 어휘를 사용하는 방법을 익힐 수 있어요.

## 어휘 확장하기

**4** 어휘 확장하기

✎ 다음 단어의 뜻을 읽고, 빈칸에 알맞은 글자를 채워 넣으세요.

**1** 생활이나 행동을 같이하는 집단 ── 공 ☐ 체(共同體)

**2** 같은 성별 ── ☐ 성(同姓)

**3** 같은 학교에서 공부한 사이 ── ☐ 창(同窓)

**4** 서로 마음과 힘을 합치는 것 ── 협 ☐ (協同)

4단계에서는 오늘 배운 한자 어휘가 들어간 새로운 4가지 어휘를 익혀요. 이 과정에서 단어의 뜻과 쓰임새를 더 깊게 이해하여 더 높은 어휘력을 키울 수 있어요.

## 단어 찾아 연결하기

**5** 단어 찾아 연결하기

✎ 문장의 빈칸에 들어갈 알맞은 단어를 찾아 연결하세요.

**1** 이 영화는 우리에게 전에 없던 ( )를 보여줬다. •    • 신년

**2** 올해 우리 학교에 많은 ( ) 생이 입학했다. •    • 신기록

**3** 담임 선생님께 ( ) 인사를 드렸다. •    • 신세계

**4** 이번 마라톤에서 많은 선수가 ( )을 세웠다. •    • 신입

5단계에서는 문장의 빈칸에 들어갈 알맞은 단어를 찾아 연결하는 활동을 해요. 이 과정을 통해 한자 어휘가 문장에서 어떻게 활용되는지 배우고, 다양한 상황에서의 쓰임새를 이해할 수 있어요.

# 짧은 글에 알맞은 어휘 찾기

**6** 짧은 글에 알맞은 어휘 찾기

✎ 문장의 빈칸에 들어갈 알맞은 단어를 보기에서 찾아 넣으세요.

**보기**

중고    고물    고궁    고대

나는 얼마 전 (              ) 서점에서 오래된 책을 한 권 샀다. 그 책
은 처음엔 (              )처럼 보였지만, 읽다 보니 아주 흥미로운
(              ) 이야기가 담겨 있는 책이었다. 특히, 그 이야기 속에 나
오는 (              )에 대한 설명이 매우 인상적이었다. 옛 궁궐의 아름
다움과 역사적 의미를 알게 된 나는 기회가 된다면 그곳을 꼭 한번
방문해 보고 싶다.

6단계에서는 짧은 글을 읽고 보기에서 빈칸에 들어갈 한자 어휘를 골라 넣는 활
동을 해요. 5단계에서 짧은 문장으로 연습했다면, 이번에는 완성된 글 속에서
한자 어휘가 어떻게 사용되는지 구체적으로 이해할 수 있어요.

# 한자 어휘로 짧은 글쓰기

**7** 한자 어휘로 짧은 글쓰기

✎ 다음 한자 어휘를 넣어 짧은 글을 써 보세요.

**야식** _____

_____

**야간** _____

_____

마지막 7단계에서는 오늘 배운 한자 어휘를 활용해 짧은 글을 직접 써 보는 활동
이에요. 창의력을 발휘하여 짧은 글 쓰기를 연습하다 보면 여러분의 글쓰기 실
력이 한 단계 더 성장할 거예요.

# 초급(준7급)

| 순서 | 한자 | 기본 단어 | 확장 단어 |
|---|---|---|---|
| 1 | 學 배울 학 | 학교, 학생, 수학, 입학 | 학자, 학비, 학과, 독학 |
| 2 | 記 기록할 기 | 기자, 기록, 기호, 기억 | 일기, 암기, 기념, 필기 |
| 3 | 動 움직일 동 | 노동, 감동, 행동, 동물 | 동영상, 운동, 난동, 작동 |
| 4 | 名 이름 명 | 가명, 명작, 명예, 명단 | 서명, 익명, 명찰, 작명 |
| 5 | 家 집 가 | 가족, 가전, 가축, 가문 | 국가, 가장, 가출, 핵가족 |
| 6 | 上 윗 상 | 빙상, 조상, 상류, 세상 | 육상, 옥상, 인상, 해상 |
| 7 | 時 때 시 | 시각, 시대, 시계, 시차 | 시절, 임시, 세시풍속, 즉시 |
| 8 | 食 밥/먹을 식 | 간식, 과식, 급식, 소식 | 시식, 기내식, 식생활, 육식 |
| 9 | 自 스스로 자 | 자유, 자동, 자급, 자가 | 자신감, 자존감, 자서전, 지방자치 |
| 10 | 正 바를 정 | 공정, 정직, 정답, 부정 | 정확, 정문, 정다각형, 훈민정음 |
| 11 | 左 왼 좌 | 좌우, 좌향좌, 좌측, 좌천 | 좌익수, 좌지우지, 좌충우돌, 우왕좌왕 |
| 12 | 下 아래 하 | 상하, 지하, 하수, 하인 | 하위권, 하층, 하급생, 생활하수 |
| 13 | 海 바다 해 | 심해, 해군, 해녀, 해일 | 해산물, 해안선, 다도해, 해조류 |
| 14 | 孝 효도 효 | 충효, 불효, 효도, 효행 | 효자비, 효녀, 효자손, 효심 |
| 15 | 後 뒤 후 | 오후, 최후, 노후, 후기 | 방과후, 독후감, 후진국, 후손 |

# 중급(7급~준6급)

| 순서 | 한자 | 기본 단어 | 확장 단어 |
|---|---|---|---|
| 16 | 口 입구 | 입구, 인구, 구술, 식구 | 출구, 가구, 항구, 분화구 |
| 17 | 同 한가지 동 | 동갑, 동거, 동포, 동맹 | 공동체, 동성, 동창, 협동 |
| 18 | 老 늙을 로(노) | 노년, 노모, 노화, 노인 | 노안, 경로당, 노약자, 노부부 |
| 19 | 文 글월 문 | 문화, 문자, 문구, 한문 | 논문, 문학, 문관, 문장제 |
| 20 | 百 일백 백 | 백합, 백만, 백과, 백성 | 백분율, 백발백중, 백화점, 백전백승 |
| 21 | 色 빛 색 | 흑색, 염색, 채색, 색지 | 본색, 보호색, 색연필, 변색 |
| 22 | 數 셈 수 | 점수, 다수, 배수, 분수 | 과반수, 소수, 산수, 자연수 |
| 23 | 心 마음 심 | 관심, 동심, 심장, 진심 | 애국심, 인내심, 호기심, 의심 |
| 24 | 地 땅 지 | 육지, 지구, 지도, 지진 | 지형, 관광지, 지자체, 지역 |
| 25 | 村 마을 촌 | 농촌, 촌락, 부촌, 어촌 | 민속촌, 이촌향도, 지구촌, 산지촌 |
| 26 | 高 높을 고 | 고수, 고령, 고속, 최고 | 고구려, 고졸, 고혈압, 고랭지 |
| 27 | 光 빛 광 | 관광, 광택, 야광, 광복 | 영광, 광선, 광합성, 형광등 |
| 28 | 讀 읽을 독 | 독서, 다독, 낭독, 독해 | 구독, 필독서, 독후감, 독심술 |
| 29 | 聞 들을 문 | 신문, 견문, 소문, 후문 | 풍문, 금시초문, 신문고, 청문회 |
| 30 | 分 나눌 분 | 기분, 부분, 분류, 신분 | 분리, 분만, 분자, 분명 |
| 31 | 雪 눈 설 | 대설, 설산, 설탕, 백설 | 설경, 제설, 폭설, 설원 |

| 32 | 新 새 신 | 신년, 신선, 신입, 신혼 | 신기록, 신세계, 신조어, 신제품 |
|---|---|---|---|
| 33 | 音 소리 음 | 발음, 방음, 음악, 자음 | 초음파, 음향, 음표, 잡음 |
| 34 | 戰 싸움 전 | 휴전, 전쟁, 도전, 실전 | 반전, 결승전, 전략, 작전 |
| 35 | 風 바람 풍 | 풍선, 병풍, 소풍, 태풍 | 돌풍, 선풍기, 풍경, 풍속 |

# 고급(6급~준5급)

| 순서 | 한자 | 기본 단어 | 확장 단어 |
|------|------|-----------|-----------|
| 36 | 古 옛 고 | 고궁, 고목, 고전, 중고 | 고물, 고분, 고조선, 고대 |
| 37 | 近 가까울 근 | 근교, 근시, 근처, 최근 | 근대화, 친근감, 근황, 측근 |
| 38 | 多 많을 다 | 다독, 다면, 다양, 다정 | 다각형, 다국적, 다문화, 다혈질 |
| 39 | 目 눈 목 | 두목, 과목, 목차, 제목 | 목격자, 목록, 안목, 종목 |
| 40 | 病 병 병 | 간병, 병균, 병원, 질병 | 문병, 몽유병, 불치병, 병가 |
| 41 | 夜 밤 야 | 야간, 야식, 야학, 심야 | 야근, 야시장, 열대야, 야행성 |
| 42 | 言 말씀 언 | 명언, 언론, 언어, 유언 | 예언, 선언, 증언, 조언 |
| 43 | 衣 옷 의 | 상의, 의복, 탈의, 내의 | 하의, 의식주, 착의, 의류 |
| 44 | 者 사람 자 | 청자, 부자, 저자, 환자 | 노동자, 소비자, 패자, 시청자 |
| 45 | 親 친할 친 | 친가, 친구, 친절, 친척 | 부친, 친목, 친일, 친근감 |
| 46 | 法 법 법 | 법대, 비법, 입법, 불법 | 법률, 합법, 위법, 사법부 |
| 47 | 相 서로 상 | 관상, 상담, 상생, 상속 | 상대방, 상호작용, 색상, 상사병 |
| 48 | 品 물건 품 | 반품, 상품, 식품, 약품 | 금품, 신제품, 진품, 공예품 |
| 49 | 商 장사 상 | 협상, 상업, 상표, 상점 | 고물상, 상공업, 상인, 상품권 |
| 50 | 友 벗 우 | 우정, 학우, 급우, 우군 | 우애, 교우, 우방, 우호 |

# 초급

| 學 | 記 | 動 |
|---|---|---|
| 배울 학 | 기록할 기 | 움직일 동 |

| 名 | 家 | 上 |
|---|---|---|
| 이름 명 | 집 가 | 윗 상 |

| 時 | 食 | 自 |
|---|---|---|
| 때 시 | 밥/먹을 식 | 스스로 자 |

正
바를 정

左
왼 좌

下
아래 하

海
바다 해

孝
효도 효

後
뒤 후

# 01 學(배울 학)을 알아볼까요?

1 한자를 읽고 따라 쓰기

뜻 배울  음 학

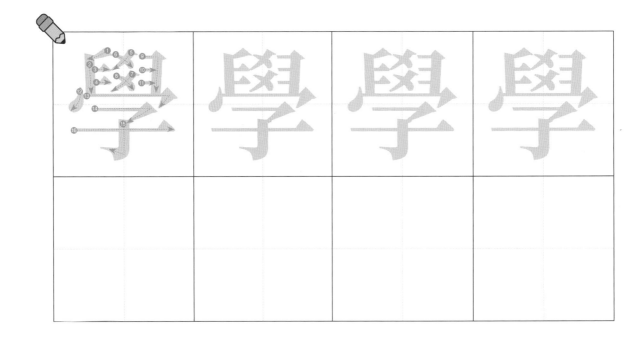

## 2 기본 어휘 알아보기

### 학교(學校)
배울 학, 학교 교

학생들이 공부를 배우는 기관

### 학생(學生)
배울 학, 날 생

학교에 다니며 공부하는 사람

### 수학(數學)
셈 수, 배울 학

숫자에 대해 배우는 학문

### 입학(入學)
들 입, 배울 학

공부하기 위해 학교에 들어감

## 3 문장에 알맞은 어휘 찾기

 문장의 빈칸에 들어갈 알맞은 단어를 보기에서 찾아 넣으세요.

보기

학생  입학  수학  학교

**1** 오늘은 개교기념일이라 _____가 쉬는 날이다.

**2** 우리 반이 우리 학년에서 _____ 수가 제일 많다.

**3** 나는 여러 과목 중에서도 _____ 점수가 제일 낮다.

**4** 우리 형은 내년에 중학교에 _____한다.

17

다음 단어의 뜻을 읽고, 빈칸에 알맞은 글자를 채워 넣으세요.

**1** 어떤 분야를 체계적으로 공부하는 사람 ⎯⎯ ☐ **자(學者)**

**2** 공부하는 데 드는 비용 ⎯⎯ ☐ **비(學費)**

**3** 공부하는 분야를 나눈 과 ⎯⎯ ☐ **과(學科)**

**4** 가르쳐 주는 사람 없이 혼자 공부함 ⎯⎯ **독** ☐ **(獨學)**

문장의 빈칸에 들어갈 알맞은 단어를 찾아 연결하세요.

**1** 나는 아침 일찍 (　　　)에 가서 친구들과 놀았다. ・　　　・ **학교**

**2** 나는 (　　　)을 제일 못한다. ・　　　・ **학비**

**3** 새로운 (　　　)이 전학을 와서 반 친구들이 많이 도와줬다. ・　　　・ **수학**

**4** 엄마가 우리 (　　　)가 많이 들 거라고 걱정이 이만저만이 아니다. ・　　　・ **학생**

문장의 빈칸에 들어갈 알맞은 단어를 보기에서 찾아 넣으세요.

보기

독학  학과  학자  입학

지수 언니는 (          )해서 대학에 갔다. 언니는 역사를 배우는 역사(          )에 (          )했다. 나도 나중에 커서 지수 언니처럼 역사를 열심히 공부해서 우리나라의 역사를 연구하는 (          )가 되고 싶다. 언젠가 그렇게 될 날을 꿈꾸며 열심히 공부해야겠다.

 다음 한자 어휘를 넣어 짧은 글을 써 보세요.

학생

수학

# 02 記(기록할 기)를 알아볼까요?

## 1 한자를 읽고 따라 쓰기

뜻 기록할 음 기

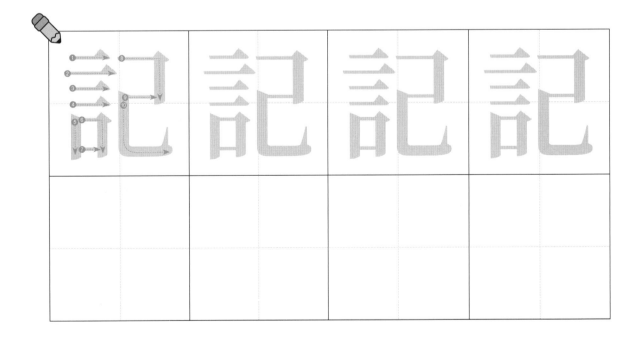

**기자(記者)**

기록할 **기**, 사람 **자**

기사를 취재해 쓰는 사람

**記**

**기록(記錄)**

기록할 **기**, 기록할 **록**

어떤 사실을 적은 글

**기호(記號)**

기록할 **기**, 이름 **호**

어떤 뜻을 나타내기 위해
사용하는 부호나 문자

**기억(記憶)**

기록할 **기**, 생각할 **억**

예전 경험을 다시 생각해 냄

**3** 문장에 알맞은 어휘 찾기

 문장의 빈칸에 들어갈 알맞은 단어를 보기에서 찾아 넣으세요.

보기

기록   기자   기억   기호

**1** 신문 _____가 학교에 와서 인터뷰를 했다.

**2** 나는 하루를 _____하는 걸 좋아한다.

**3** 나는 과일 중에서 딸기를 좋아해 딸기 _____를 골랐다.

**4** 나는 한 번 배운 영어 단어를 잘 _____한다.

**4** 어휘 확장하기

✎ 다음 단어의 뜻을 읽고, 빈칸에 알맞은 글자를 채워 넣으세요.

**1** 그날 겪은 일을 적는 개인의 기록 ┈┈ 일 ☐ (日記)

**2** 외워서 잊지 아니함 ┈┈ 암 ☐ (暗記)

**3** 어떤 일을 잊지 않고 오래도록 간직함 ┈┈ ☐ 념(記念)

**4** 글씨를 씀 ┈┈ 필 ☐ (筆記)

**5** 단어 찾아 연결하기

✎ 문장의 빈칸에 들어갈 알맞은 단어를 찾아 연결하세요.

**1** 선생님이 설명해 주신 내용을 공책에 빠짐없이 (      )했다.    ·          · 일기

**2** 오늘 있었던 일을 (      )장에 적었다.    ·          · 기록

**3** 나의 생일을 (      )해서 가족들과 유원지에 갔다.    ·          · 기호

**4** 지도를 볼 때 (      )를 살펴보면 빨리 찾을 수 있다.    ·          · 기념

문장의 빈칸에 들어갈 알맞은 단어를 보기에서 찾아 넣으세요.

보기

기자   기억   암기   필기

오늘 우리 반에 (          )가 와서 인터뷰를 했다. 그는 공부를 잘하는 방법이 무엇인지 물어봤다. 나는 선생님의 말씀을 공책에 잘 (          )하고, 중요한 내용을 (          )하는 게 도움이 된다고 말했다. 내 대답을 수첩에 적는 걸 보니 이번 인터뷰가 오랫동안 좋은 (          )으로 남을 것 같았다.

**7 한자 어휘로 짧은 글쓰기**

다음 한자 어휘를 넣어 짧은 글을 써 보세요.

기록

기억

# 03 動(움직일 동)을 알아볼까요?

**1** 한자를 읽고 따라 쓰기

뜻 움직일   음 동

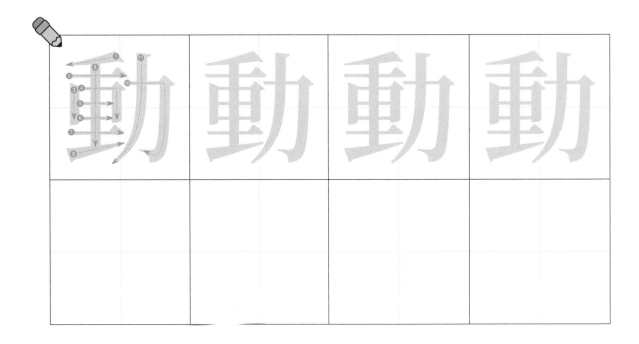

**2** 기본 어휘 알아보기

### 노동(勞動)

일할 로(노), 움직일 동

몸을 움직여 일함

### 감동(感動)

느낄 감, 움직일 동

크게 느껴 마음이 움직임

**動**

### 행동(行動)

다닐 행, 움직일 동

몸을 움직여 어떤 동작을 함

### 동물(動物)

움직일 동, 물건 물

사람을 제외한 길짐승,
날짐승 등을 가리키는 말

**3** 문장에 알맞은 어휘 찾기

 문장의 빈칸에 들어갈 알맞은 단어를 보기에서 찾아 넣으세요.

보기

감동  노동  동물  행동

**1** 농부들은 매일 농장에서 열심히 _____한다.

**2** 친구가 나에게 편지를 써 줘서 정말 _____했다.

**3** 우리는 다른 사람에게 친절하게 _____해야 한다.

**4** _____원에서 귀여운 코끼리를 봤다.

## 4 어휘 확장하기

 다음 단어의 뜻을 읽고, 빈칸에 알맞은 글자를 채워 넣으세요.

1 움직이는 영상물 ┈┈┈ ☐ 영상(動映像)

2 사람이 건강을 위해 몸을 움직이는 일 ┈┈ 운 ☐ (運動)

3 질서를 어지럽히는 행동 ┈┈ 난 ☐ (亂動)

4 기계 따위를 움직이게 함 ┈┈ 작 ☐ (作動)

## 5 단어 찾아 연결하기

문장의 빈칸에 들어갈 알맞은 단어를 찾아 연결하세요.

1 경기장에서 몇몇 사람이 (　　　)을 부려 경찰이 출동했다. ·　　· 작동

2 시계를 새로 고쳐서 이제 정확하게 (　　　)한다. ·　　· 노동

3 부모님께서 힘든 (　　　)을 하시고 우리를 돌봐 주셔서 감사하다. ·　　· 운동

4 우리 형은 매일 아침 (　　　)해서 살을 많이 뺐다. ·　　· 난동

**6** 짧은 글에 알맞은 어휘 찾기

✏️ 문장의 빈칸에 들어갈 알맞은 단어를 보기에서 찾아 넣으세요.

보기

동영상  감동  동물  행동

오늘 선생님이 귀여운 동물들의 일상을 담은 (          )
을 보여주셨다. (          )들이 서로 도와주는 모습이 정말
(          )적이었다. 나는 동물들도 우리처럼 서로 배려하는
(          )을 한다는 걸 알게 되었다.

**7** 한자 어휘로 짧은 글쓰기

✏️ 다음 한자 어휘를 넣어 짧은 글을 써 보세요.

동물

_____

_____

감동

_____

_____

27

# 04 名(이름 명)을 알아볼까요?

1 한자를 읽고 따라 쓰기

이름: 냐옹이

뜻 이름  음 명

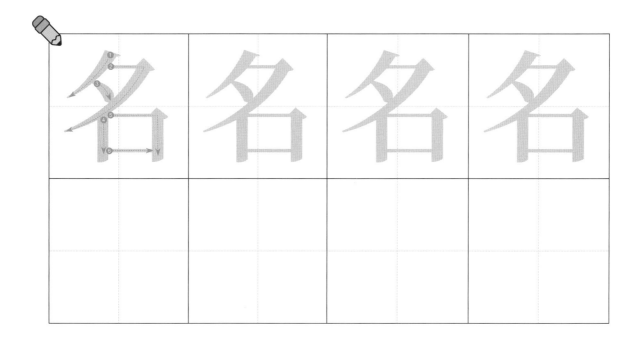

### 가명(假名)

거짓 **가**, 이름 **명**

실제 이름이 아닌 이름

### 명작(名作)

이름 **명**, 지을 **작**

이름난 훌륭한 작품

### 명예(名譽)

이름 **명**, 명예 **예**

세상에서 훌륭하다고
인정되는 이름

### 명단(名單)

이름 **명**, 홑 **단**

어떤 일에 관련된 사람들의
이름을 쓴 표

**3** 문장에 알맞은 어휘 찾기

 문장의 빈칸에 들어갈 알맞은 단어를 보기에서 찾아 넣으세요.

보기

가명  명단  명예  명작

**1** 반 친구들 _____ 을 선생님께서 보여주셨다.

**2** 그 작가는 책을 쓸 때 본명이 아닌 _____ 을 사용한다.

**3** 이 책은 아주 유명한 _____ 이라서 많은 사람이 읽는다.

**4** 학교에서 열심히 공부하면 _____ 로운 상을 받을 수 있다.

다음 단어의 뜻을 읽고, 빈칸에 알맞은 글자를 채워 넣으세요.

1 자기의 이름을 써넣는 것 —— 서 ☐ (署名)

2 이름을 숨기는 것 —— 익 ☐ (匿名)

3 이름 등을 적어 달고 다니는 것 —— ☐ 찰(名札)

4 이름을 지음 —— 작 ☐ (作名)

 문장의 빈칸에 들어갈 알맞은 단어를 찾아 연결하세요.

1 나는 학교에서 (    )을 꼭 달고 다닌다.       ·          ·   명단

2 방과후 동아리 참여 학생들의 (    )이 오늘 발표되었다.   ·          ·   작명

3 도서관에서 책을 빌릴 때 내 (    )을 했다.   ·          ·   서명

4 나는 내 장난감 인형들에게 각각 (    )해 주었다.   ·          ·   명찰

**6** 짧은 글에 알맞은 어휘 찾기

 문장의 빈칸에 들어갈 알맞은 단어를 보기에서 찾아 넣으세요.

보기

명작   명예   가명   익명

우리 반에서 (          )을 뽑는 글쓰기 대회가 열렸다. 우승한 학생은 큰 (          )를 얻게 된다. 어떤 학생은 자신의 이름을 숨기고 (          )으로 글을 제출했다. 심사위원은 모든 글을 (          )으로 평가해 공정하게 심사해 결과를 발표할 예정이라고 한다.

**7** 한자 어휘로 짧은 글쓰기

 다음 한자 어휘를 넣어 짧은 글을 써 보세요.

가명

명예

# 05 家(집 가)를 알아볼까요?

1 한자를 읽고 따라 쓰기

뜻 집 음 가

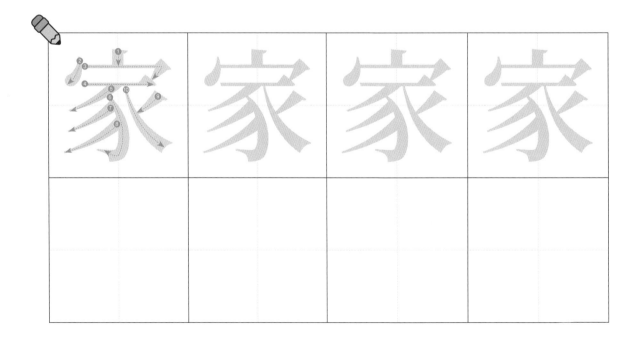

## 2 기본 어휘 알아보기

### 가족(家族)
집 **가**, 겨레 **족**

부부를 중심으로 한
사람들의 집단

### 가전(家電)
집 **가**, 전기 **전**

가정에서 사용하는
전기 제품

### 가축(家畜)
집 **가**, 짐승 **축**

집에서 기르는 짐승

### 가문(家門)
집 **가**, 집안 **문**

가족으로 이루어진 공동체

## 3 문장에 알맞은 어휘 찾기

 문장의 빈칸에 들어갈 알맞은 단어를 보기에서 찾아 넣으세요.

보기

가문   가족   가전   가축

1 주말에 _____과 함께 공원에 다녀왔다.

2 우리 _____에는 오랜 전통이 있다.

3 지난주에 여러 가지 _____제품을 새로 샀다.

4 할머니 댁에는 여러 마리의 _____이 있어서 재미있다.

**4** 어휘 확장하기

 **다음 단어의 뜻을 읽고, 빈칸에 알맞은 글자를 채워 넣으세요.**

**1** 국민, 영토, 주권을 지닌 사회 집단 ─── 국 ☐ (國家)

**2** 한 가정을 이끄는 사람 ─── ☐ 장(家長)

**3** 가정을 버리고 집을 나감 ─── ☐ 출(家出)

**4** 부부와 결혼하지 않은 자녀로 이루어진 가족 ─── 핵 ☐ 족(核家族)

**5** 단어 찾아 연결하기

 **문장의 빈칸에 들어갈 알맞은 단어를 찾아 연결하세요.**

**1** 할아버지 댁에는 소와 닭 같은 (　　　)이 많다.  ·  　　·  가전

**2** 우리나라는 한국이라는 이름의 (　　　)다.  ·  　　·  가축

**3** 드라마 속 주인공이 (　　　)을 했지만, 결국 다시 돌아왔다.  ·  　　·  가출

**4** 새로 산 (　　　)제품 덕분에 집 안일이 더 쉬워졌다.  ·  　　·  국가

**6 짧은 글에 알맞은 어휘 찾기**

 문장의 빈칸에 들어갈 알맞은 단어를 보기에서 찾아 넣으세요.

| 보기 |
| --- |
| 가족   가장   가문   핵가족 |

우리 (　　　　)은 부모님, 나 그리고 동생으로 이루어진
(　　　　)이다. 아빠는 우리 집의 (　　　　)으로, 우
리를 열심히 돌봐 주신다. 지난 주말에 할아버지께서 우리
(　　　　)의 전통을 자랑스럽게 이야기해 주셨다. 그 이야기
를 들으며 나는 큰 자부심을 느꼈다.


**7 한자 어휘로 짧은 글쓰기**

 다음 한자 어휘를 넣어 짧은 글을 써 보세요.

가족

가축

# 06 上(윗 상)을 알아볼까요?

① 한자를 읽고 따라 쓰기

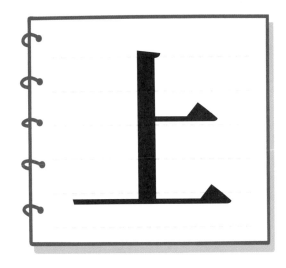

뜻 윗  음 상

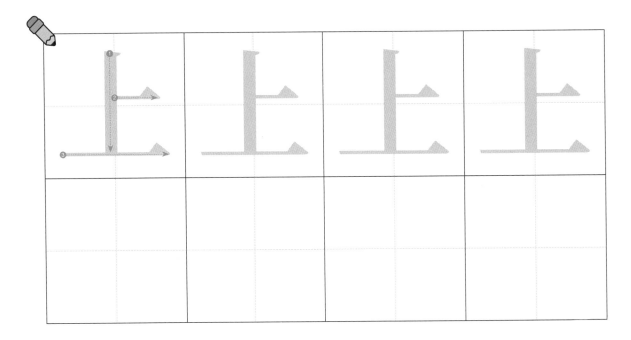

## 빙상(氷上)

얼음 **빙**, 윗 **상**

얼음판의 위

## 조상(祖上)

조상 **조**, 윗 **상**

자기 세대 이전의 모든 세대

## 상류(上流)

윗 **상**, 흐를 **류**

강의 위쪽 부분

## 세상(世上)

인간 **세**, 윗 **상**

사람이 사는 사회

 문장의 빈칸에 들어갈 알맞은 단어를 보기에서 찾아 넣으세요.

보기

빙상   상류   세상   조상

**1** 우리는 _____ 경기장에서 스케이트를 탔다.

**2** _____에는 다양한 사람이 함께 살아가고 있다.

**3** 강 _____에는 맑은 물이 흐르고 있었다.

**4** 우리 _____들은 오래전에 이 마을에서 살았다.

**4** **어휘 확장하기**

✏️ 다음 단어의 뜻을 읽고, 빈칸에 알맞은 글자를 채워 넣으세요.

**1** 달리기, 뛰기 등 뭍 위에서 이뤄지는 경기 ┄┄┄ 육 [  ] (陸上)

**2** 지붕의 위 ┄┄ 옥 [  ] (屋上)

**3** 물건값, 봉급 등을 올림 ┄┄┄ 인 [  ] (引上)

**4** 바다의 위 ┄┄ 해 [  ] (海上)

 **5** **단어 찾아 연결하기**

✏️ 문장의 빈칸에 들어갈 알맞은 단어를 찾아 연결하세요.

**1** 우리 (      )들은 자연을 사랑하며 살았다.　·

·　인상

**2** 근로자들의 임금이 (      )되었다.　·

·　조상

**3** 강 (      )에서 친구들과 물놀이를 했다.　·

·　옥상

**4** 우리는 아파트 (      )에서 하늘을 바라봤다.　·

·　상류

## 6 짧은 글에 알맞은 어휘 찾기

 문장의 빈칸에 들어갈 알맞은 단어를 보기에서 찾아 넣으세요.

> **보기**
>
> 빙상    육상    해상    세상

나는 다양한 스포츠를 좋아해요. 겨울에는 (        )장에서 스케이트를 타고, 봄에는 (        ) 경기를 즐겨요. 이번 여름에는 (        ) 스포츠를 배우고 싶어요. 이렇게 세 가지 스포츠를 배우면 나는 더 넓은 (        )을 경험할 수 있을 것 같아요.


## 7 한자 어휘로 짧은 글쓰기

 다음 한자 어휘를 넣어 짧은 글을 써 보세요.

조상

세상

# 07 時(때 시)를 알아볼까요?

**1** 한자를 읽고 따라 쓰기

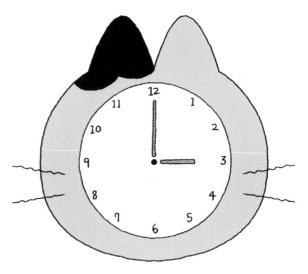

뜻 때  음 시

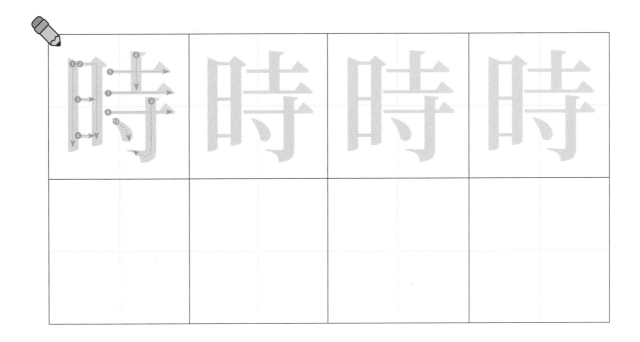

**2** 기본 어휘 알아보기

## 시각(時刻)

때 **시**, 새길 **각**

시간의 어느 한 시점

## 시대(時代)

때 **시**, 대신할 **대**

지금 있는 시기

時

## 시계(時計)

때 **시**, 셀 **계**

시간을 재는 기계나 장치

## 시차(時差)

때 **시**, 다를 **차**

세계 각 지역의 시간 차이

**3** 문장에 알맞은 어휘 찾기

 문장의 빈칸에 들어갈 알맞은 단어를 보기에서 찾아 넣으세요.

> **보기**
>
> 시각   시계   시대   시차

**1** 내 방에 있는 _____가 오늘 아침에 멈췄다.

**2** 한국과 미국은 _____가 있어서 시간이 다르다.

**3** 옛날에는 공룡이 살던 _____가 있었다.

**4** 출발 _____은 오후 3시 10분입니다.

**4**  **어휘 확장하기**

 다음 단어의 뜻을 읽고, 빈칸에 알맞은 글자를 채워 넣으세요.

**1** 일정한 시기 ┈┈ [ ] **절(時節)**

**2** 영구적이 아닌 일시적인 동안 ┈ **임** [ ] **(臨時)**

**3** 해마다 되풀이되는 고유의 풍속 ┈ **세** [ ] **풍속(歲時風俗)**

**4** 어떤 일이 일어나는 바로 그때 ┈ **즉** [ ] **(卽時)**

**5**  **단어 찾아 연결하기**

 문장의 빈칸에 들어갈 알맞은 단어를 찾아 연결하세요.

**1** 약속한 (　　　)에 맞춰 친구와 놀이터에서 만났다.　·　　　·　**시각**

**2** 길이 막혀서 (　　　)로 다른 길로 돌아갔다.　·　　　·　**즉시**

**3** 나는 생각한 것을 (　　　) 행동으로 옮긴다.　·　　　·　**임시**

**4** 설날에는 떡국을 먹는 (　　　)이 있다.　·　　　·　**세시풍속**

## 6 짧은 글에 알맞은 어휘 찾기

 문장의 빈칸에 들어갈 알맞은 단어를 보기에서 찾아 넣으세요.

시계   시대   시차   시절

어린 (          ), 나는 시골에서 가족들과 함께 지냈다. 그때 집에 커다란 (          )가 있었는데 땡땡 울릴 때마다 시간을 알 수 있었다. 지금은 전자 기기가 많아졌지만, 그 (          )에는 그런 물건이 드물었다. 이제는 (          ) 때문에 시간을 맞추는 게 어렵기는 해도, 외국에 사는 친구와도 쉽게 연락할 수 있게 되었다.

## 7 한자 어휘로 짧은 글쓰기

 다음 한자 어휘를 넣어 짧은 글을 써 보세요.

시계

시각

43

# 08 食(밥 식/먹을 식)을 알아볼까요?

**1** 한자를 읽고 따라 쓰기

뜻 **밥/먹을** 음 **식**

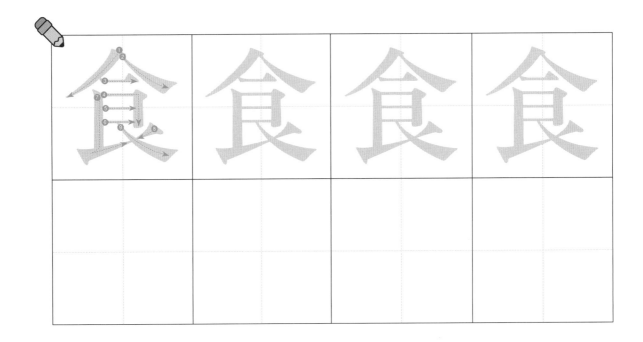

## 간식(間食)

사이 **간**, 먹을 **식**

끼니와 끼니 사이에 먹는 음식

## 과식(過食)

지날 **과**, 먹을 **식**

지나치게 많이 먹음

## 급식(給食)

줄 **급**, 먹을 **식**

식사를 공급함

## 소식(小食)

작을 **소**, 먹을 **식**

음식을 적게 먹음

**3** 문장에 알맞은 어휘 찾기

 문장의 빈칸에 들어갈 알맞은 단어를 보기에서 찾아 넣으세요.

보기

간식  과식  급식  소식

**1** 오랜만에 _____해서 배가 아픈 것 같다.

**2** 나는 오후에 _____으로 사과를 먹었다.

**3** 할머니께서는 언제나 _____하신다.

**4** 오늘 학교 _____으로 맛있는 카레가 나왔다.

다음 단어의 뜻을 읽고, 빈칸에 알맞은 글자를 채워 넣으세요.

**1** 음식의 맛을 보기 위해 시험 삼아 먹음 —— 시 ☐ (試食)

**2** 비행기 안에서 먹는 식사 —— 기내 ☐ (機內食)

**3** 먹는 음식에 관한 생활 —— ☐ 생활(食生活)

**4** 고기를 먹는 식사 —— 육 ☐ (肉食)

 문장의 빈칸에 들어갈 알맞은 단어를 찾아 연결하세요.

**1** 음식 축제에 가서 다양한 음식을 ( )했다. · · 과식

**2** 비행기가 이륙한 후 승무원이 ( )을 나눠주었다. · · 소식

**3** ( )하면 다음날 속이 불편할 수 있다. · · 기내식

**4** 나는 ( )하려고 밥과 반찬을 조금만 먹는다. · · 시식

**6** 짧은 글에 알맞은 어휘 찾기

 문장의 빈칸에 들어갈 알맞은 단어를 보기에서 찾아 넣으세요.

> **보기**
>
> 급식   간식   식생활   육식

우리 학교 (          )은 매일 다른 메뉴로 나와서 재미있다. 점심시간 후에는 (          ) 시간도 있는데 오늘은 과일을 먹었다. 선생님은 건강한 (          )을 위해 골고루 먹는 것이 중요하다고 하셨다. 나는 채소도 중요하지만, (          )도 함께 해야 건강해질 수 있다는 이야기를 들었다.

**7** 한자 어휘로 짧은 글쓰기

 다음 한자 어휘를 넣어 짧은 글을 써 보세요.

> 간식

> 급식

# 09 自(스스로 자)를 알아볼까요?

1 한자를 읽고 따라 쓰기

뿌듯!

뜻 스스로  음 자

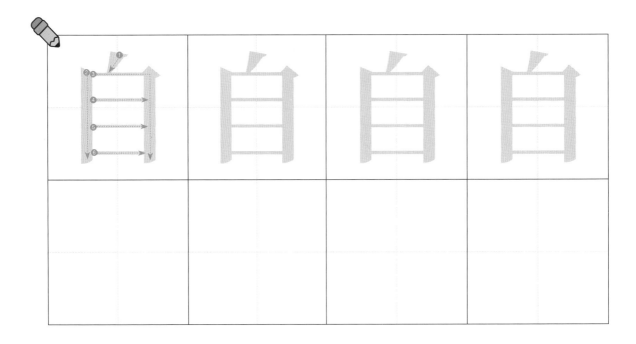

48

## 자유(自由)

스스로 **자**, 말미암을 **유**

자기 마음대로 할 수 있는 상태

## 자동(自動)

스스로 **자**, 움직일 **동**

스스로 작동함

## 자급(自給)

스스로 **자**, 줄 **급**

나에게 필요한 물자를
스스로 마련함

## 자가(自家)

스스로 **자**, 집 **가**

자기의 집

 문장의 빈칸에 들어갈 알맞은 단어를 보기에서 찾아 넣으세요.

> **보기**
>
> 자유    자급    자동    자가

**1** 이 문은 사람이 가까이 가면 _____으로 열린다.

**2** 나는 _____롭게 놀 수 있는 주말을 좋아한다.

**3** 그곳에 사는 농부들은 자신이 기른 채소로 _____한다.

**4** 우리 가족에게도 드디어 _____가 생겼다.

**다음 단어의 뜻을 읽고, 빈칸에 알맞은 글자를 채워 넣으세요.**

**1** 자신 있다는 느낌 ⋯⋯⋯ ☐ **신감(自信感)**

**2** 자신을 존중하고 가치 있는 존재로 느끼는 마음 ⋯⋯⋯ ☐ **존감(自尊感)**

**3** 자신의 일생을 소재로 쓴 전기 ⋯⋯⋯ ☐ **서전(自敍傳)**

**4** 지방의 행정을 지방 주민이 뽑은 기관을 통해 처리하는 정치 제도

⋯⋯⋯ **지방** ☐ **치(地方自治)**

 **문장의 빈칸에 들어갈 알맞은 단어를 찾아 연결하세요.**

**1** 그들은 텃밭에서 기른 채소로 (　　　)하는 생활을 한다. ·　　· **자동**

**2** (　　　) 제도로 각 지역이 스스로 필요한 일을 결정한다. ·　　· **자가**

**3** 우리 학교의 문은 가까이 다가가면 (　　)으로 열린다. ·　　· **자급**

**4** 우리 가족은 (　　　)에서 편안하게 주말을 보냈다. ·　　· **지방자치**

**6** 짧은 글에 알맞은 어휘 찾기

✎ 문장의 빈칸에 들어갈 알맞은 단어를 보기에서 찾아 넣으세요.

자유   자신감   자서전   자존감

어릴 때부터 나는 하고 싶은 일을 할 수 있는 (          )를 소
중하게 생각했다. 그 덕분에 어려운 일도 스스로 해내면서 도
전하는 (            )을 기를 수 있었다. 최근에는 내가 살아
온 이야기를 담아 (            )을 쓰기 시작했다. 내가 그동
안 경험한 많은 일이 나의 (            )을 지켜주는 힘이 되
어 주어서 해낼 수 있게 된 것 같다.

 **7** 한자 어휘로 짧은 글쓰기

✎ 다음 한자 어휘를 넣어 짧은 글을 써 보세요.

자유 _____

_____

자동 _____

# 10 正(바를 정)을 알아볼까요?

1 한자를 읽고 따라 쓰기

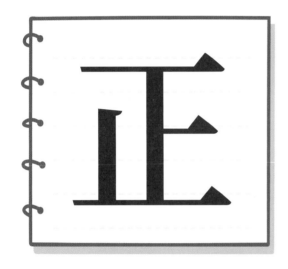

뜻 **바를** 음 **정**

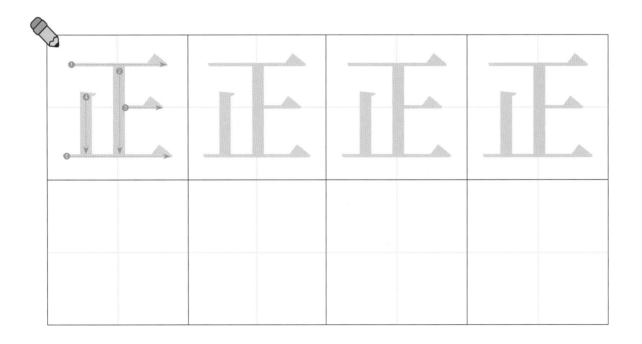

52

## 공정(公正)
공평할 **공**, 바를 **정**

공평하고 올바름

## 정직(正直)
바를 **정**, 곧을 **직**

거짓이나 꾸밈이 없이
마음이 바르고 곧음

正

## 정답(正答)
바를 **정**, 대답 **답**

옳은 답

## 부정(不正)
아닐 **부**, 바를 **정**

옳지 못함

**3** 문장에 알맞은 어휘 찾기

 문장의 빈칸에 들어갈 알맞은 단어를 보기에서 찾아 넣으세요.

보기

공정   부정   정직   정답

**1** 시험에서 _____행위를 하면 안 된다.

**2** 거짓말을 하지 않고 _____한 삶을 살아야 한다.

**3** 어려운 수학 문제의 _____을 맞히니까 기분이 좋았다.

**4** _____하게 결정을 내리는 게 가장 중요하다.

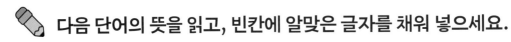 다음 단어의 뜻을 읽고, 빈칸에 알맞은 글자를 채워 넣으세요.

**1** 바르고 확실함 ⎯⎯⎯ ☐ 확(正確)

**2** 건물의 정면에 있는 출입문 ⎯⎯⎯ ☐ 문(正門)

**3** 변의 길이와 내각의 크기가 모두 같은 다각형 ⎯⎯⎯ ☐ 다각형(正多角形)

**4** 1443년 세종이 만든 우리나라 글자 ⎯⎯⎯ 훈민 ☐ 음(訓民正音)

 문장의 빈칸에 들어갈 알맞은 단어를 찾아 연결하세요.

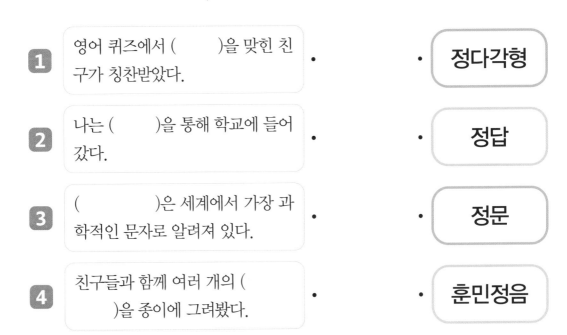

**1** 영어 퀴즈에서 (　　　)을 맞힌 친구가 칭찬받았다. ・　・ 정다각형

**2** 나는 (　　　)을 통해 학교에 들어갔다. ・　・ 정답

**3** (　　　　　)은 세계에서 가장 과학적인 문자로 알려져 있다. ・　・ 정문

**4** 친구들과 함께 여러 개의 (　　　　)을 종이에 그려봤다. ・　・ 훈민정음

## 6 짧은 글에 알맞은 어휘 찾기

 **문장의 빈칸에 들어갈 알맞은 단어를 보기에서 찾아 넣으세요.**

보기

공정   부정   정직   정확

학교에서 친구들과 게임을 할 때는 (        )한 규칙을 정하고, 이 규칙을 (        )하게 적용하는 것이 중요하다. (        )한 방법으로 이기면 친구들의 신뢰를 잃을 수 있기 때문이다. 그래서 선생님께서 항상 (        )하게 행동하고, 거짓말을 하지 말라고 가르치시는 것이다.

## 7 한자 어휘로 짧은 글쓰기

 **다음 한자 어휘를 넣어 짧은 글을 써 보세요.**

정직

정답

# 11 左(왼 좌)를 알아볼까요?

## 1 한자를 읽고 따라 쓰기

뜻 왼  음 좌

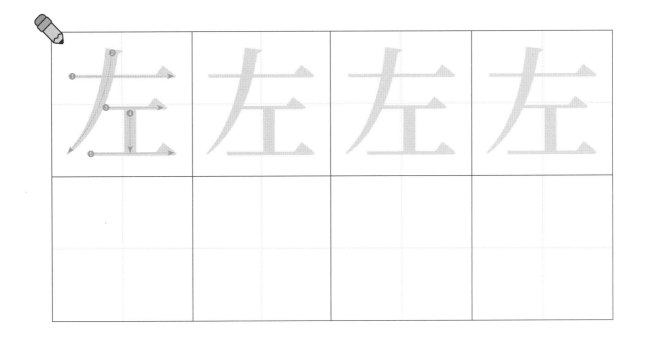

**좌우(左右)**

왼 **좌**, 오른쪽 **우**

왼쪽과 오른쪽

**좌향좌(左向左)**

왼 **좌**, 향할 **향**, 왼 **좌**

바로 선 상태에서 몸을
왼쪽으로 90도 돌아서는 것

左

**좌측(左側)**

왼 **좌**, 곁 **측**

북쪽을 바라봤을 때 서쪽

**좌천(左遷)**

왼 **좌**, 옮길 **천**

낮은 관직이나 지위로 떨어지는 것

 **문장의 빈칸에 들어갈 알맞은 단어를 보기에서 찾아 넣으세요.**

보기

좌우  좌천  좌측  좌향좌

**1** 우리 동네 빵집 _____에는 꽃집이 있다.

**2** 그는 실수로 인해 높은 자리에서 멀리 _____되었다.

**3** 우리는 _____로 몸을 흔들며 음악에 맞춰 춤을 췄다.

**4** 선생님이 체육 시간에 우리에게 _____ 동작을 가르쳐 주셨다.

다음 단어의 뜻을 읽고, 빈칸에 알맞은 글자를 채워 넣으세요.

1 야구에서 외야 왼쪽을 지키는 수비수 ⎯⎯ ☐ 익수(左翼手)

2 이리저리 제 마음대로 다루는 것 ⎯⎯ ☐ 지우지(左之右之)

3 아무 일이나 함부로 맞닥뜨리는 것 ⎯⎯ ☐ 충우돌(左衝右突)

4 이리저리 왔다 갔다 해서 방향을 종잡지 못함

⎯⎯ 우왕 ☐ 왕(右往左往)

문장의 빈칸에 들어갈 알맞은 단어를 찾아 연결하세요.

1 누군가를 (          )하려 하지 말고, 서로 의견을 존중하는 게 중요하다. · · 좌지우지

2 선생님이 체육 시간에 "(          )!"라고 외치시니 모두가 한 방향을 바라보았다. · · 좌우

3 회사에서 실수한 직원이 다른 부서로 (      )되었다. · · 좌천

4 우리는 (      )를 살펴본 후 안전하게 길을 건넜다. · · 좌향좌

**6  짧은 글에 알맞은 어휘 찾기**

 문장의 빈칸에 들어갈 알맞은 단어를 보기에서 찾아 넣으세요.

> **보기**
>
> 좌측    좌익수    우왕좌왕    좌충우돌

오늘 야구 경기에서 나는 (          )로 뛰게 되었다. 경기가 시작되자 공이 나의 (          )으로 빠르게 날아왔다. 나는 공을 잡으려고 달렸지만, 순간 너무 긴장해서 (          )하며 방향을 잃었다. 그런데도 끝까지 (          )하며 열심히 뛰었더니 팀원들이 내 노력을 칭찬해 주었다.

**7  한자 어휘로 짧은 글쓰기**

다음 한자 어휘를 넣어 짧은 글을 써 보세요.

좌측

우왕좌왕

# 12 下(아래 하)를 알아볼까요?

1 한자를 읽고 따라 쓰기

뜻 아래   음 하

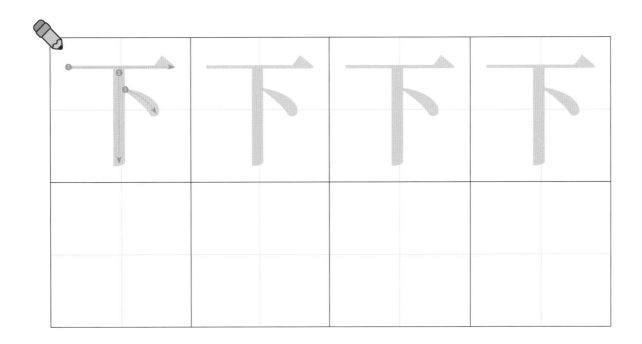

**상하(上下)**

윗 **상**, 아래 **하**

위와 아래를 함께 가리키는 말

**지하(地下)**

땅 **지**, 아래 **하**

땅속

**하수(下手)**

아래 **하**, 손 **수**

남보다 낮은 재주를 가진 사람

**하인(下人)**

아래 **하**, 사람 **인**

남의 집에서 일하는 사람

**3** 문장에 알맞은 어휘 찾기

 **문장의 빈칸에 들어갈 알맞은 단어를 보기에서 찾아 넣으세요.**

보기

지하  하수  하인  상하

**1** 우리 집 _____에는 자전거를 두는 공간이 있다.

**2** 책장을 _____로 정리해서 더 깔끔해 보였다.

**3** 과거의 왕은 많은 _____을 거느리고 살았다.

**4** 체스에서 형은 고수인데 나는 아직 _____라서 자주 진다.

**4** 어휘 확장하기

📝 다음 단어의 뜻을 읽고, 빈칸에 알맞은 글자를 채워 넣으세요.

**1** 낮은 위치에 속하는 범위 ┄┄ [　] 위권(下位圈)

**2** 아래에 있는 층 ┄┄ [　] 층(下層)

**3** 낮은 학년의 학생 ┄┄ [　] 급생(下級生)

**4** 일상생활에서 사용한 뒤, 하천으로 내려온 물 ┄┄ 생활[　] 수(生活下水)

 **5** 단어 찾아 연결하기

📝 문장의 빈칸에 들어갈 알맞은 단어를 찾아 연결하세요.

**1** 역사책에서 (　　)들이 왕의 일을 도운 이야기를 읽었다. · · 지하

**2** 우리는 날이 너무 더워 (　　)상가에서 만나자고 약속했다. · · 하층

**3** 고학년은 상층에서 활동하고, 저학년은 (　　)에서 활동한다. · · 생활하수

**4** 우리가 사용하는 물은 (　　　)가 되어 정화 시설로 보내진다. · · 하인

62

**6** 짧은 글에 알맞은 어휘 찾기

 문장의 빈칸에 들어갈 알맞은 단어를 보기에서 찾아 넣으세요.

보기

하위권   하급생   하수   상하

나는 이번 시험에서 (           )에 머물렀지만, 더 열심히 공부하기로 결심했다. 우리 학교 (           )도 종종 어려운 문제를 풀 때 자신이 (           )처럼 느껴질 때가 있다고 했다. 하지만 우리는 서로 도우며 공부하면 (           ) 관계와 상관없이 함께 성장할 수 있다고 믿는다.

 **7** 한자 어휘로 짧은 글쓰기

 다음 한자 어휘를 넣어 짧은 글을 써 보세요.

지하

하수

# 13 海(바다 해)를 알아볼까요?

**1** 한자를 읽고 따라 쓰기

뜻 바다  음 해

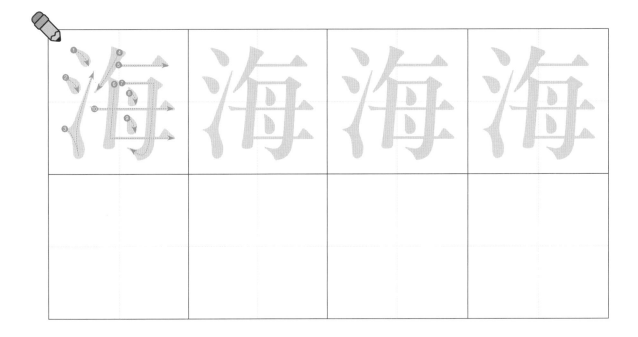

64

## 2 기본 어휘 알아보기

### 심해(深海)

깊을 **심**, 바다 **해**

깊은 바다

### 해군(海軍)

바다 **해**, 군사 **군**

바다에서 임무를 수행하는 군대

### 해녀(海女)

바다 **해**, 여자 **녀**

바닷속에서 해삼, 전복 등을
따는 것을 직업으로 하는 여자

### 해일(海溢)

바다 **해**, 넘칠 **일**

기상 변화로 인해 바닷물이
육지로 넘쳐 들어오는 현상

## 3 문장에 알맞은 어휘 찾기

 **문장의 빈칸에 들어갈 알맞은 단어를 보기에서 찾아 넣으세요.**

> **보기**
>
> 해녀   심해   해군   해일

**1** 과학자들은 _____에서 새로운 생물을 발견했다.

**2** 제주도에서는 _____들이 바다에서 직접 해산물을 잡는다.

**3** 큰 _____이 일어나면 해변이 위험해질 수 있다.

**4** 우리나라 _____이 바다에서 훈련하는 모습을 보았다.

## 4 어휘 확장하기

✎ **다음 단어의 뜻을 읽고, 빈칸에 알맞은 글자를 채워 넣으세요.**

**1** 바다에서 나오는 동식물 ⎯⎯ ☐ **산물(海産物)**

**2** 바다와 육지가 맞닿은 선 ⎯⎯ ☐ **안선(海岸線)**

**3** 많은 섬이 모여 있는 바다 ⎯⎯ **다도** ☐ **(多島海)**

**4** 바다에서 나는 조류 ⎯⎯ ☐ **조류(海藻類)**

## 5 단어 찾아 연결하기

✎ **문장의 빈칸에 들어갈 알맞은 단어를 찾아 연결하세요.**

**1** 우리는 자동차를 타고 아름다운 (        )
을 따라 여행했다.                               •                    • **심해**

**2** (         )이 발생하면 해변 근처에 있는
사람들은 안전한 곳으로 대피해야 한다.      •                    • **해일**

**3** (         )에는 햇빛이 잘 들지 않아, 독
특한 생물들이 살고 있다.                     •                    • **해안선**

**4** (          )은 바다에서 나라를 지키는
중요한 역할을 한다.                            •                    • **해군**

**6** 짧은 글에 알맞은 어휘 찾기

✏️ 문장의 빈칸에 들어갈 알맞은 단어를 보기에서 찾아 넣으세요.

> **보기**
>
> 해녀　다도해　해산물　해조류

> 제주도 (　　　　　)들은 매일 바다로 나가 (　　　　　)과
> (　　　　　)를 직접 채취해요. 특히 우리나라 (　　　　　)
> 지역은 다양한 생물이 자라는 곳이라 이들에게 매우 중요한
> 장소예요. 그들은 이곳에서 여러 가지 건강한 해물을 잡아 사
> 람들에게 신선한 식재료를 제공해 줍니다.

 **7** 한자 어휘로 짧은 글쓰기

✏️ 다음 한자 어휘를 넣어 짧은 글을 써 보세요.

해녀

_____

_____

해산물

_____

# 14 孝(효도 효)를 알아볼까요?

**1** 한자를 읽고 따라 쓰기

뜻 효도 음 효

주물
주물

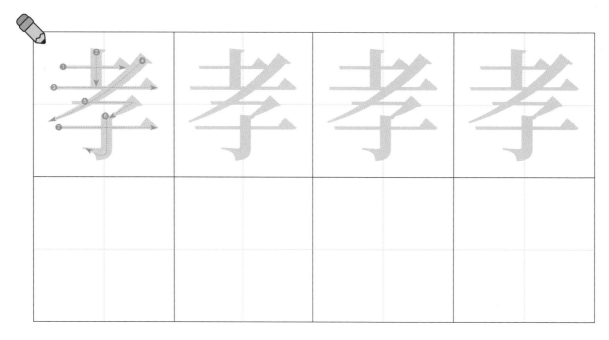

## 충효(忠孝)

충성 **충**, 효도 **효**

충성과 효도를
함께 가리키는 말

## 불효(不孝)

아닐 **불**, 효도 **효**

어버이를 효성스럽게
섬기지 않는 것

## 효도(孝道)

효도 **효**, 길 **도**

부모를 정성껏 섬기는 일

## 효행(孝行)

효도 **효**, 다닐 **행**

부모를 잘 섬기는 행동

**3** 문장에 알맞은 어휘 찾기

 문장의 빈칸에 들어갈 알맞은 단어를 보기에서 찾아 넣으세요.

보기

효도   충효   불효   효행

**1** 부모님을 소홀히 대하는 것은 _____라고 배웠다.

**2** 부모님께 _____하는 방법은 작은 일부터 시작하는 거예요.

**3** _____ 정신을 가진 옛사람들은 나라에 충성하고 부모님을 존경했다.

**4** 할아버지께 안부 전화를 드리는 것은 _____의 좋은 예다.

## 4 어휘 확장하기

✏️ 다음 단어의 뜻을 읽고, 빈칸에 알맞은 글자를 채워 넣으세요.

**1** 효자를 기리고자 세우는 비석 ──── ☐ 자비(孝子碑)

**2** 부모를 잘 섬기는 딸 ──── ☐ 녀(孝女)

**3** 대나무를 이용해 손이 안 닿는 곳을 긁도록 만든 물건

──── ☐ 자손(孝子손)

**4** 효성스러운 마음 ──── ☐ 심(孝心)

## 5 단어 찾아 연결하기

✏️ 문장의 빈칸에 들어갈 알맞은 단어를 찾아 연결하세요.

**1** 왕과 부모에게 (　　　)를 다한 사람들의 옛이야기가 많다. ・　　・ 효자손

**2** 친구는 할머니를 자주 도와드려서 (　　)상을 받았다. ・　　・ 충효

**3** (　　　)는 효를 실천한 사람을 기리기 위해 세운 비석이다. ・　　・ 효행

**4** 나는 등이 간지러울 때마다 (　　) 을 사용해 긁는다. ・　　・ 효자비

**6** 짧은 글에 알맞은 어휘 찾기

✏️ 문장의 빈칸에 들어갈 알맞은 단어를 보기에서 찾아 넣으세요.

보기

효도   효녀   불효   효심

> 우리 할머니께서는 부모님께 항상 (          )하셨다고 말씀
> 하셨다. 할머니께서는 그 마을에서 유명한 (          )였고,
> 늘 부모님을 생각하는 (          )이 깊은 분이었다고 한다.
> 할머니는 나에게 부모님께 잘못하는 것은 (          )하는 것
> 이니 항상 잘해야 한다고 가르쳐 주셨다.

**7** 한자 어휘로 짧은 글쓰기

✏️ 다음 한자 어휘를 넣어 짧은 글을 써 보세요.

효도

불효

# 15 後(뒤 후)를 알아볼까요?

1 한자를 읽고 따라 쓰기

뜻 뒤 음 후

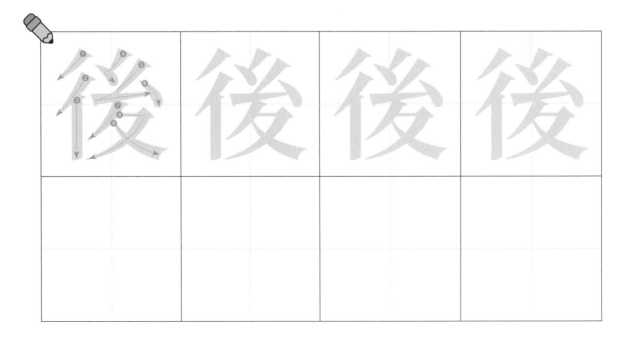

### 오후(午後)

낮 **오**, 뒤 **후**

정오부터 해가 질 때까지의 시간

### 최후(最後)

가장 **최**, 뒤 **후**

가장 마지막

### 노후(老後)

늙을 **노**, 뒤 **후**

늙은 뒤

### 후기(後記)

뒤 **후**, 기록할 **기**

끝에 덧붙인 글, 나중에 쓰는 기록

**3** 문장에 알맞은 어휘 찾기

 문장의 빈칸에 들어갈 알맞은 단어를 보기에서 찾아 넣으세요.

> **보기**
>
> 최후   후기   노후   오후

**1** 영화가 끝난 후 나는 인터넷에 _____를 남겼다.

**2** 할아버지께서는 농사일을 하시며 _____ 생활을 하신다.

**3** 대회에서 _____까지 남은 두 팀이 치열하게 경쟁했다.

**4** 오늘 _____에 친구들과 함께 놀이터에 가기로 했다.

다음 단어의 뜻을 읽고, 빈칸에 알맞은 글자를 채워 넣으세요.

**1** 학교의 정규 수업이 끝난 다음 —— **방과** ☐ **(放課後)**

**2** 책을 읽은 뒤 느낌을 적은 글 —— **독** ☐ **감(讀後感)**

**3** 산업, 경제, 문화의 발전 수준이 뒤떨어진 나라 —— ☐ **진국(後進國)**

**4** 자신의 세대에서 여러 세대가 지난 뒤의 자녀들 —— ☐ **손(後孫)**

문장의 빈칸에 들어갈 알맞은 단어를 찾아 연결하세요.

**1** 사람들은 편안한 (　　　) 생활을 위해 미리 준비한다. · · **후손**

**2** 몇몇 (　　　　)에는 학교에 가지 못하는 어린이가 많다. · · **최후**

**3** 우리 조상님들은 (　　　)들이 잘살기를 바랐다. · · **후진국**

**4** 전쟁에서 (　　　)까지 싸운 용사들의 이야기를 배웠다. · · **노후**

문장의 빈칸에 들어갈 알맞은 단어를 보기에서 찾아 넣으세요.

보기

방과후   독후감   오후   후기

오늘 (                ) 교실에서 주산·암산과 음악 줄넘기 수업을 들은 뒤 학교 도서관에서 책을 읽었다. 책이 너무 재미있어서 집에 와서 바로 (                )을 썼다. (                ) 시간이 다 지나기 전에 글쓰기를 마치고, 책에 대한 나의 (              )를 가족들과 공유했다.

 다음 한자 어휘를 넣어 짧은 글을 써 보세요.

독후감 _____

오후 _____

# 중급

입 구

한가지 동

늙을 로(노)

글월 문

일백 백

빛 색

셈 수

마음 심

땅 지

| 村 | 高 | 光 |
|---|---|---|
| 마을 촌 | 높을 고 | 빛 광 |

| 讀 | 聞 | 分 |
|---|---|---|
| 읽을 독 | 들을 문 | 나눌 분 |

| 雪 | 新 | 音 |
|---|---|---|
| 눈 설 | 새 신 | 소리 음 |

| 戰 | 風 | 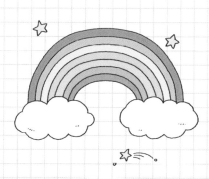 |
|---|---|---|
| 싸움 전 | 바람 풍 | |

# 16 口(입 구)를 알아볼까요?

**1** 한자를 읽고 따라 쓰기

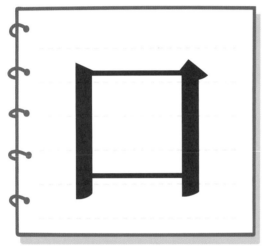

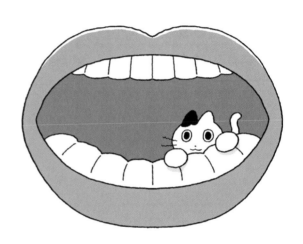

뜻 입  음 구

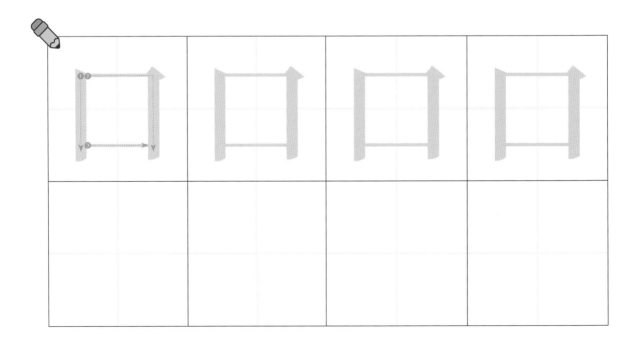

78

## 입구(入口)
들 **입**, 입 **구**

들어가는 통로

## 인구(人口)
사람 **인**, 입 **구**

특정 지역에 사는 사람의 수

## 구술(口述)
입 **구**, 펼 **술**

입으로 말하는 것

## 식구(食口)
밥 **식**, 입 **구**

한 집에 살면서
같이 밥을 먹는 사람

**3** 문장에 알맞은 어휘 찾기

 문장의 빈칸에 들어갈 알맞은 단어를 보기에서 찾아 넣으세요.

보기

인구  구술  입구  식구

**1** 박물관 _____에서 표를 사고 전시를 구경했다.

**2** 우리나라의 _____는 해마다 조금씩 늘어나고 있다.

**3** 우리 집 _____는 다 같이 저녁을 먹으며 이야기를 나눈다.

**4** 대회에서 친구는 자기 생각을 잘 _____한다.

다음 단어의 뜻을 읽고, 빈칸에 알맞은 글자를 채워 넣으세요.

1 밖으로 나가는 통로 ── 출 ☐ (出口)

2 같이 사는 사람들의 집단 ── 가 ☐ (家口)

3 배가 드나들도록 만들어 놓은 곳 ── 항 ☐ (港口)

4 용암, 화산 가스 등의 분출구 ── 분화 ☐ (噴火口)

문장의 빈칸에 들어갈 알맞은 단어를 찾아 연결하세요.

1 농사짓는 (     )가 해마다 줄어들고 있다.     •               •  분화구

2 화산이 폭발한 후 남은 (      )는 깊고 커다랗다.     •        •  출구

3 역사 수업에서 준비한 내용을 잘 정리하여 (     )했다.     •     •  구술

4 우리는 놀이공원 (     )에서 친구들과 만나기로 했다.     •      •  가구

**6 짧은 글에 알맞은 어휘 찾기**

✎ 문장의 빈칸에 들어갈 알맞은 단어를 보기에서 찾아 넣으세요.

> 보기
>
> 식구   인구   입구   항구

우리 (          )들은 여름 방학에 여행을 가기로 했다. 이번 여행에서는 (          )에 가서 큰 배를 구경할 계획이다. 그런데 그곳을 찾아가는 (          )가 여러 개여서 길을 찾기 어렵다고 하니 조금 걱정이 된다. 또 그 도시는 (          )가 매우 많은 도시라서 거리가 몹시 붐빌 수도 있으니 한눈팔지 않고 가족들과 꼭 붙어 다녀야겠다.

 **7 한자 어휘로 짧은 글쓰기**

✎ 다음 한자 어휘를 넣어 짧은 글을 써 보세요.

입구 _____

항구 _____

# 17 同(한가지 동)을 알아볼까요?

**1** 한자를 읽고 따라 쓰기

똑같다!

뜻 **한가지** 음 **동**

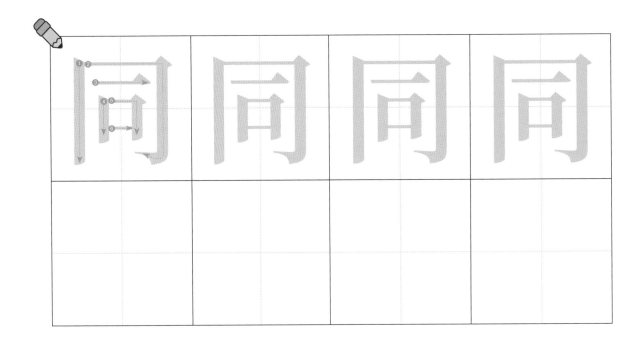

**동갑(同甲)**

한가지 **동**, 갑옷 **갑**

나이가 같은 사람

**동거(同居)**

한가지 **동**, 살 **거**

하나의 집에서 같이 삶

**동포(同胞)**

한가지 **동**, 세포 **포**

같은 나라 또는 민족의 사람

**동맹(同盟)**

한가지 **동**, 맹세 **맹**

둘 이상의 단체나 국가가
서로 맺는 약속

 문장의 빈칸에 들어갈 알맞은 단어를 보기에서 찾아 넣으세요.

> **보기**
>
> 동거   동포   동갑   동맹

**1** 여러 나라가 힘을 합쳐 _____을 맺고 협력하고 있다.

**2** 나는 내 옆집 친구와 _____이라서 함께 자주 논다.

**3** 할머니는 우리 가족과 _____하고 계신다.

**4** 미국에 사는 한국 _____들은 명절 때마다 한국 음식을 만든다.

다음 단어의 뜻을 읽고, 빈칸에 알맞은 글자를 채워 넣으세요.

**1** 생활이나 행동을 같이하는 집단 ── 공 ☐ 체(共同體)

**2** 같은 성별 ── ☐ 성(同姓)

**3** 같은 학교에서 공부한 사이 ── ☐ 창(同窓)

**4** 서로 마음과 힘을 합치는 것 ── 협 ☐ (協同)

문장의 빈칸에 들어갈 알맞은 단어를 찾아 연결하세요.

**1** ( ) 친구들과 캠프에서 같은 방을 썼다. ·        · 동포

**2** 우리 집은 고양이와 강아지가 한 집에서 ( )하며 지낸다. ·        · 동갑

**3** 해외에 사는 한국 ( )들도 한 글날을 기념한다. ·        · 동맹

**4** 두 나라는 서로 돕기 위해 ( ) 을 맺었다. ·        · 동거

**6** **짧은 글에 알맞은 어휘 찾기**

✏️ 문장의 빈칸에 들어갈 알맞은 단어를 보기에서 찾아 넣으세요.

**보기**

동창   협동   공동체   동성

나는 어릴 때부터 이성 친구보다는 (          ) 친구와 함께 노는 걸 좋아했다. 그 시절 (          ) 친구들과는 지금도 자주 연락하고 만난다. 그때 우리는 축구를 많이 했다. 축구를 통해 쌓은 (          ) 하는 경험 덕분에 (          ) 의식의 중요성을 깨닫게 된 것 같다.

 **7** **한자 어휘로 짧은 글쓰기**

✏️ 다음 한자 어휘를 넣어 짧은 글을 써 보세요.

동갑

_____

협동

_____

# 18 老(늙을 로/노)를 알아볼까요?

**1** 한자를 읽고 따라 쓰기

뜻 **늙을** 음 **로(노)**

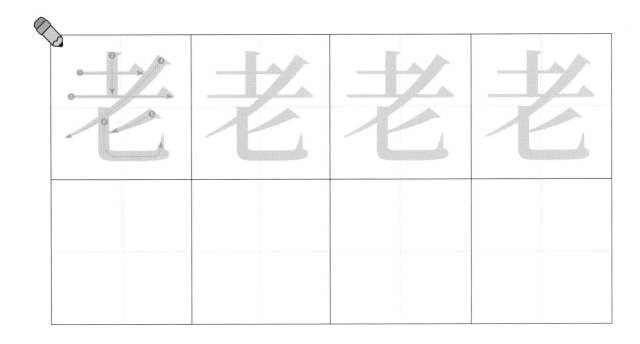

## 노년(老年)

늙을 **노**, 해 **년**

나이가 들어 늙은 때

## 노모(老母)

늙을 **노**, 어머니 **모**

늙은 어머니

老

## 노화(老化)

늙을 **노**, 될 **화**

시간이 흐름에 따라
몸의 기능이 전보다 못해지는 현상

## 노인(老人)

늙을 **노**, 사람 **인**

늙은 사람

**3** 문장에 알맞은 어휘 찾기

 문장의 빈칸에 들어갈 알맞은 단어를 보기에서 찾아 넣으세요.

> **보기**
>
> 노인   노모   노년   노화

**1** 삼촌은 _____를 지극정성으로 보살폈다.

**2** _____이 되면 건강을 유지하기 위해 운동을 해야 한다.

**3** 사람은 나이가 들수록 _____가 진행된다.

**4** 지하철에서 _____분께 자리를 양보했다.

**4** 어휘 확장하기

 다음 단어의 뜻을 읽고, 빈칸에 알맞은 글자를 채워 넣으세요.

**1** 늙어서 시력이 나빠짐 ——— ▢ 안(老眼)

**2** 노인들이 모여 여가를 즐기게 만든 방 ——— 경 ▢ 당(敬老堂)

**3** 늙거나 약한 사람 ——— ▢ 약자(老弱者)

**4** 늙은 부부 ——— ▢ 부부(老夫婦)


**5** 단어 찾아 연결하기

 문장의 빈칸에 들어갈 알맞은 단어를 찾아 연결하세요.

**1** 옆집 아저씨는 고향에 계신 (　　　)를 자주 찾아뵙는다고 한다. ·　　· **노인**

**2** 우리 동네 공원에는 산책하시는 (　　　)이 많다. ·　　· **노안**

**3** 나이가 들면 (　　　)이 와서 책을 읽기가 어려워진다고 한다. ·　　· **노년**

**4** 할머니께서는 (　　　)에 가족들과 시간을 많이 보내고 싶다고 하셨다. ·　　· **노모**

문장의 빈칸에 들어갈 알맞은 단어를 보기에서 찾아 넣으세요.

보기

노약자   노화   노부부   경로당

우리 동네 경로당에는 사이가 좋은 (           )들이 자주 오셔서 함께 시간을 보내신다. (           )이신 어르신들은 서로를 도우며 다양한 활동을 하신다. 비록 (           )로 인해 몸이 예전 같지 않지만, 경로당에서 만난 친구들과 즐겁게 지내시는 모습이 보기 좋다. 그런 점에서 (           )은 어르신들에게 꼭 필요한 곳이라고 생각한다.

 다음 한자 어휘를 넣어 짧은 글을 써 보세요.

노인

경로당

# 19 文(글월 문)을 알아볼까요?

**1** 한자를 읽고 따라 쓰기

뜻 **글월** 음 **문**

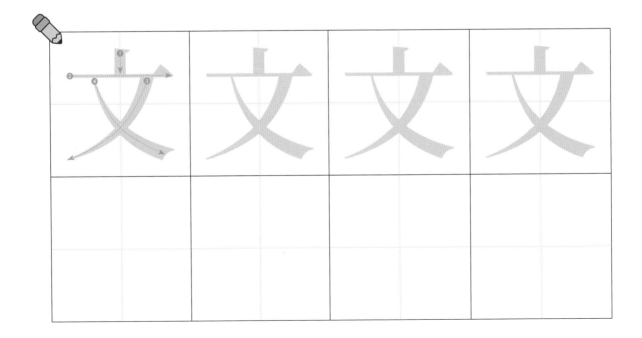

## 문화(文化)

글월 **문**, 될 **화**

사회구성원에 의해 습득 및
공유되는 행동, 생활 양식

## 문자(文字)

글월 **문**, 글자 **자**

휴대전화에서 문자로 된 내용을
상대방에게 전하는 글

## 문구(文具)

글월 **문**, 갖출 **구**

학용품과 사무용품을 가리키는 말

## 한문(漢文)

한나라 **한**, 글월 **문**

한자만으로 쓴 글

3 문장에 알맞은 어휘 찾기

 **문장의 빈칸에 들어갈 알맞은 단어를 보기에서 찾아 넣으세요.**

보기
문자  한문  문구  문화

**1** 옛날에는 _____으로 글을 쓰는 일이 많았다.

**2** 친구에게 생일 축하 _____를 보냈다.

**3** 다른 나라의 _____를 배우는 것은 정말 재미있는 일이다.

**4** 우리 삼촌은 학교 앞에서 _____점을 운영하신다.

**4** 어휘 확장하기

 다음 단어의 뜻을 읽고, 빈칸에 알맞은 글자를 채워 넣으세요.

**1** 어떤 것에 관해 학술적인 연구 결과를 적은 글 ── 논 ☐ (論文)

**2** 시, 소설, 희곡 등의 언어 예술 ── ☐ 학(文學)

**3** 문과 출신의 관리 ── ☐ 관(文官)

**4** 문장 형식으로 표현된 문제 ── ☐ 장제(文章題)


**5** 단어 찾아 연결하기

문장의 빈칸에 들어갈 알맞은 단어를 찾아 연결하세요.

**1** 나는 친구들과 ( )로 이야기하는 걸 좋아한다. ・          ・ 문구

**2** 우리나라는 다양한 전통( )를 가지고 있다. ・          ・ 문관

**3** 조선 시대에는 ( )들이 글과 법을 다루며 나라의 중요한 일을 결정했다. ・          ・ 문화

**4** 나는 새 학기를 맞아 예쁜 ( ) 세트를 준비했다. ・          ・ 문자

문장의 빈칸에 들어갈 알맞은 단어를 보기에서 찾아 넣으세요.

보기

한문   문학   논문   문장제

오늘 국어 수업은 정말 재미있었다. 선생님께서는 (              )으로 쓰인 오래된 책들을 보여주시며, 그 당시 사람들이 글을 어떻게 썼는지 설명해주셨다. 나는 한자로 쓰인 재미있는 (              ) 작품이 이렇게 많다는 사실에 깜짝 놀랐다. 수업 후에 우리는 (              )로 된 시험을 봤는데, 친구들은 마치 (              )을 쓰는 것처럼 열심히 답을 썼다.

 다음 한자 어휘를 넣어 짧은 글을 써 보세요.

한문

문자

# 20 百(일백 백)을 알아볼까요?

뜻 일백  음 백

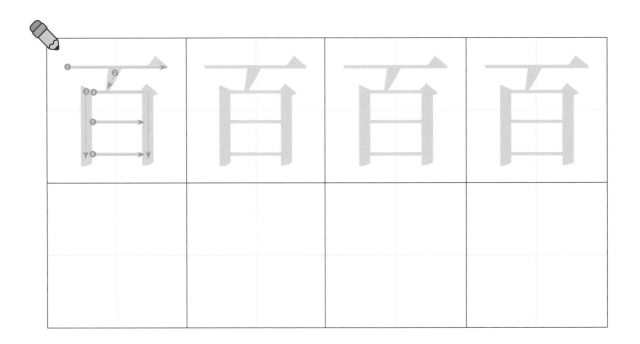

94

## 2 기본 어휘 알아보기

**백합(百合)**

일백 **백**, 합할 **합**

백합과의 여러해살이풀

**백만(百萬)**

일백 **백**, 일만 **만**

만의 백 배가 되는 수

# 百

**백과(百科)**

일백 **백**, 과목 **과**

학문의 모든 과목

**백성(百姓)**

일백 **백**, 성씨 **성**

나라의 국민을 가리키는 옛말

## 3 문장에 알맞은 어휘 찾기

 문장의 빈칸에 들어갈 알맞은 단어를 보기에서 찾아 넣으세요.

> **보기**
>
> 백만  백성  백과  백합

**1** 조선 시대의 _____들은 임금님을 매우 존경했다.

**2** 이 그림책은 전 세계에서 _____ 부 이상 팔렸다고 해요.

**3** 꽃집에서 하얀 _____을 사서 엄마께 선물했다.

**4** 우리 학교 도서관에는 여러 분야의 _____사전이 있다.

## 4 어휘 확장하기

 다음 단어의 뜻을 읽고, 빈칸에 알맞은 글자를 채워 넣으세요.

**1** 전체를 100으로 했을 때 그것에 대한 비율 ⸻ ☐ 분율(百分率)

**2** 무슨 일이든 잘 들어맞음 ⸻ ☐ 발 ☐ 중(百發百中)

**3** 여러 가지 상품을 파는 종합 소매점 ⸻ ☐ 화점(百貨店)

**4** 싸울 때마다 모두 이김 ⸻ ☐ 전 ☐ 승(百戰百勝)


## 5 단어 찾아 연결하기

다음 문장의 빈칸에 들어갈 알맞은 단어를 찾아 연결하세요.

**1** 사격장에서 그 선수는 (　　　　)의 실력을 보여주었다. · · 백성

**2** 우리 팀은 이번 대회에서 (　　　) 을 목표로 하고 있다. · · 백분율

**3** 내 성적을 (　　　)로 계산해 보니, 생각보다 점수가 높았다. · · 백전백승

**4** 임금님은 (　　)들을 돌보며 그들이 잘 살도록 도와주었다. · · 백발백중

96

**6** 짧은 글에 알맞은 어휘 찾기

✏️ 문장의 빈칸에 들어갈 알맞은 단어를 보기에서 찾아 넣으세요.

> **보기**
>
> 백합   백과   백화점   백만

어제 가족들과 함께 (                    )에 갔다. 엄마는 1층의 꽃집에서
예쁜 (              )을 사셨고, 나는 3층의 서점에서 (              )사전
을 구경했다. 사람이 정말 많아서 마치 (              ) 명이 넘게 있는
것처럼 느껴졌다.

**7** 한자 어휘로 짧은 글쓰기

✏️ 다음 한자 어휘를 넣어 짧은 글을 써 보세요.

백화점

---

백전백승

---

# 21  色(빛 색)을 알아볼까요?

**1  한자를 읽고 따라 쓰기**

뜻 **빛**  음 **색**

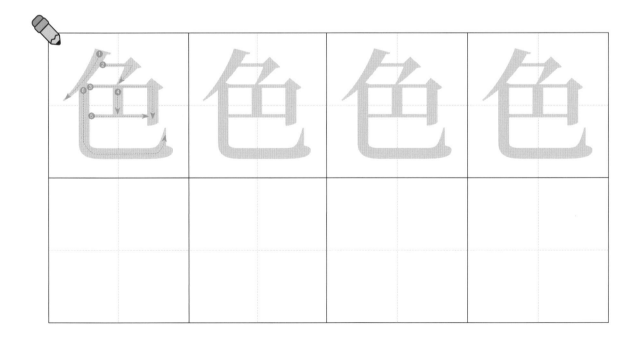

98

**흑색(黑色)**

검을 **흑**, 빛 **색**

어둡고 짙은 색

**염색(染色)**

물들 **염**, 빛 **색**

염료로 천에 물을 들이는 일

**채색(彩色)**

채색 **채**, 빛 **색**

그림에 색을 칠하는 일

**색지(色紙)**

빛 **색**, 종이 **지**

여러 색깔로 물든 종이

③ 문장에 알맞은 어휘 찾기

 문장의 빈칸에 들어갈 알맞은 단어를 보기에서 찾아 넣으세요.

보기

흑색   염색   채색   색지

1 나는 _____를 오려서 카드에 붙여 예쁘게 꾸몄다.

2 오늘따라 밤하늘이 짙은 _____처럼 보인다.

3 미술 시간에 우리는 꽃을 여러 가지 색으로 _____했다.

4 엄마는 머리카락을 밝은 갈색으로 _____하셨다.

## 4 어휘 확장하기

다음 단어의 뜻을 읽고, 빈칸에 알맞은 글자를 채워 넣으세요.

1 본래의 빛깔이나 생김새 ── 본 ☐ (本色)

2 천적을 피하려고 주위와 비슷한 색을 띠는 몸의 색깔 ── 보호 ☐ (保護色)

3 색깔이 있는 연필 ── ☐ 연필(色鉛筆)

4 빛깔을 바꿈 ── 변 ☐ (變色)

## 5 단어 찾아 연결하기

문장의 빈칸에 들어갈 알맞은 단어를 찾아 연결하세요.

1 시간이 지나면 햇빛 때문에 책표지가 (　　　)될 수 있다. · · 염색

2 평소에 조용하던 친구가 장기 자랑 시간에 활발한 (　　　)을 드러냈다. · · 변색

3 친구가 머리카락을 노란색으로 (　　　) 했는데 정말 잘 어울렸다. · · 보호색

4 사막에 사는 동물들은 모래와 비슷한 (　　　) 덕분에 천적에게 잘 보이지 않는다. · · 본색

## 6 짧은 글에 알맞은 어휘 찾기

문장의 빈칸에 들어갈 알맞은 단어를 보기에서 찾아 넣으세요.

> **보기**
>
> 채색  색지  흑색  색연필

그동안 미술 시간에 우리는 (　　　　　)로만 그림을 그렸다. 그런데 오늘 선생님께서 새로운 (　　　　) 방법을 알려주셨다. 그림의 어두운 부분은 (　　　　)으로 색칠해 표현하고, 밝은 부분은 다양한 (　　　　)를 오려 붙여 표현하는 것이다. 이렇게 하니 훨씬 더 생동감 있는 그림을 완성할 수 있었다.

## 7 한자 어휘로 짧은 글쓰기

다음 한자 어휘를 넣어 짧은 글을 써 보세요.

색지　

색연필

# 22 數(셈 수)를 알아볼까요?

뜻 셈 음 수

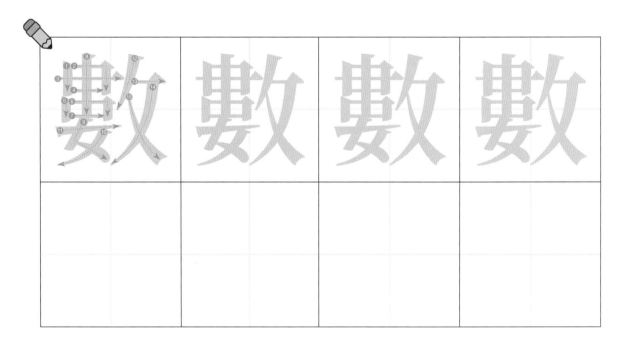

### 점수(點數)
점 **점**, 셈 **수**

성적을 나타내는 수

### 다수(多數)
많을 **다**, 셈 **수**

수가 많음

**數**

### 배수(倍數)
곱 **배**, 셈 **수**

어떤 수의 몇 배가 되는 수

### 분수(分數)
나눌 **분**, 셈 **수**

$\frac{1}{2}$ · $\frac{1}{3}$ 과 같은 수

 **문장의 빈칸에 들어갈 알맞은 단어를 보기에서 찾아 넣으세요.**

보기

점수   다수   배수   분수

**1** 친구들은 _____ 의견에 따라 놀이를 정했다.

**2** 선생님께서 우리 팀의 발표에 높은 _____ 를 주셨다.

**3** 수학 시간에 분모가 같은 _____ 의 크기를 비교해 보았다.

**4** 6은 2와 3의 _____ 다.

## 4 어휘 확장하기

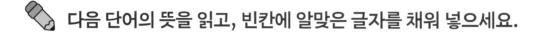

다음 단어의 뜻을 읽고, 빈칸에 알맞은 글자를 채워 넣으세요.

**1** 절반이 넘는 수 ── **과반** ☐ **(過半數)**

**2** 0보다 크고 1보다 작은 실수 ── **소** ☐ **(小數)**

**3** 계산하는 방법 ── **산** ☐ **(算數)**

**4** 1, 2, 3과 같은 수를 이르는 말 ── **자연** ☐ **(自然數)**

## 5 단어 찾아 연결하기

문장의 빈칸에 들어갈 알맞은 단어를 찾아 연결하세요.

**1** ( ) 첫째 자리에서 반올림했다. ・

・ **다수**

**2** 나는 국어 공부보다 ( ) 공부를 더 좋아한다. ・

・ **배수**

**3** 우리 반 ( )가 피구를 하고 싶어 했다. ・

・ **소수**

**4** 3의 ( )는 6, 9, 12 등이 있다. ・

・ **산수**

**6** 짧은 글에 알맞은 어휘 찾기

 문장의 빈칸에 들어갈 알맞은 단어를 보기에서 찾아 넣으세요.

보기

자연수   분수   점수   과반수

지난주 수학 시간에 자연수와 (          )에 관해 배웠다. 선생님께서 (          )는 1, 2, 3처럼 우리가 쉽게 셀 수 있는 수라고 설명해 주셨다. 그리고 분수는 전체를 나누는 개념이라고 알려주셨다. 선생님의 자세한 설명 덕분인지 단원평가에서 우리 반 (          )가 100점이라는 높은 (          )를 받았다.

**7** 한자 어휘로 짧은 글쓰기

 다음 한자 어휘를 넣어 짧은 글을 써 보세요.

점수

자연수

# 23 心(마음 심)을 알아볼까요?

**1** 한자를 읽고 따라 쓰기

뜻 **마음** 음 **심**

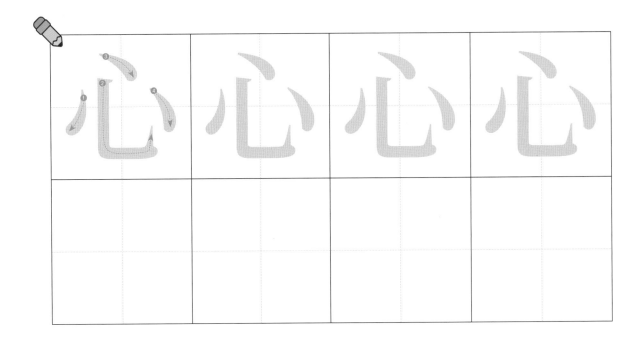

**관심(關心)**

관계할 **관**, 마음 **심**

어떤 것에 끌리는 마음

**동심(童心)**

아이 **동**, 마음 **심**

어린아이의 마음

**심장(心臟)**

마음 **심**, 오장 **장**

혈액을 몸 전체로 보내는 기관

**진심(眞心)**

참 **진**, 마음 **심**

거짓이 없는 마음

**3** 문장에 알맞은 어휘 찾기

 **문장의 빈칸에 들어갈 알맞은 단어를 보기에서 찾아 넣으세요.**

보기

관심   동심   심장   진심

**1** 깜짝 놀라면 _____이 더 빨리 뛴다.

**2** 아이들은 항상 밝고 순수한 _____을 가지고 있다.

**3** 나는 과학에 관한 _____이 많아서 실험하는 걸 좋아한다.

**4** 친구의 _____ 어린 사과를 듣고 마음이 풀렸다.

다음 단어의 뜻을 읽고, 빈칸에 알맞은 글자를 채워 넣으세요.

**1** 나라를 사랑하는 마음 ―― 애국 ☐ (愛國心)

**2** 어려움을 참고 견디는 마음 ―― 인내 ☐ (忍耐心)

**3** 모르는 것을 알고 싶어 하는 마음 ―― 호기 ☐ (好奇心)

**4** 확실하게 알 수 없어 못 믿어 하는 마음 ―― 의 ☐ (疑心)

문장의 빈칸에 들어갈 알맞은 단어를 찾아 연결하세요.

**1** 어려운 문제를 풀 때는 (      )이 필요하다.   •      •  심장

**2** 우리 몸에서 (    )은 혈액을 온몸으로 보내는 중요한 기관이다.   •      •  애국심

**3** 지호는 (    )이 가득한 눈으로 우리를 쳐다봤다.   •      •  인내심

**4** 독립운동가들은 강한 (     )으로 나라를 지켰다.   •      •  의심

**6** 짧은 글에 알맞은 어휘 찾기

📝 문장의 빈칸에 들어갈 알맞은 단어를 보기에서 찾아 넣으세요.

보기

관심   호기심   진심   동심

어린 시절, 나는 (          )이 많아서 모든 게 신기했다. 시간
이 지나면서 다양한 주제에도 (          )이 생겼고, 그 중에서도
(          )으로 과학을 좋아했다. 오늘 과학 시간에 실험을 하며, 나
는 다시 (          )으로 돌아간 기분이 들었다. 선생님께서는 나의
계속되는 질문에도 자세히 답해 주셔서 수업이 더욱 재밌게 느껴졌다.

 **7** 한자 어휘로 짧은 글쓰기

📝 다음 한자 어휘를 넣어 짧은 글을 써 보세요.

관심

호기심

# 24 地(땅 지)를 알아볼까요?

뜻 땅 음 지

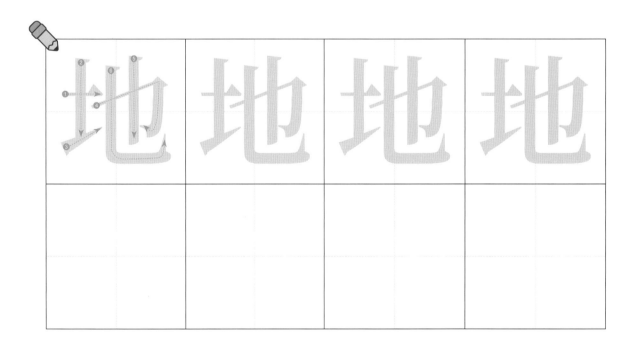

110

### 육지(陸地)

뭍 **육**, 땅 **지**

대륙과 연결된 땅

### 지구(地球)

땅 **지**, 공 **구**

인류가 사는 천체

### 지도(地圖)

땅 **지**, 그림 **도**

지구의 표면을 일정 비율로 줄여
기호를 사용해 나타낸 그림

### 지진(地震)

땅 **지**, 우레 **진**

갑작스러운 땅의 흔들림

**3** 문장에 알맞은 어휘 찾기

 문장의 빈칸에 들어갈 알맞은 단어를 보기에서 찾아 넣으세요.

> 보기
>
> 육지   지구   지도   지진

**1** _____는 우리가 사는 행성이다.

**2** 이 다리는 섬과 _____를 이어준다.

**3** 갑자기 큰 _____이 발생해서 건물이 흔들렸다.

**4** 우리는 세계 _____를 보고 여행 갈 곳을 정했다.

## 4 어휘 확장하기

✏️ 다음 단어의 뜻을 읽고, 빈칸에 알맞은 글자를 채워 넣으세요.

**1** 땅의 생긴 모양 ⸺ ☐ 형(地形)

**2** 다른 지방, 나라에서 구경할 만한 장소 ⸺ 관광 ☐ (觀光地)

**3** 지방자치단체를 줄인 말

  예) 특별시, 광역시, 도, 시, 군 등 ⸺ ☐ 자체(地自體)

**4** 경계 지어 나뉜 일정한 공간 ⸺ ☐ 역(地域)


## 5 단어 찾아 연결하기

✏️ 문장의 빈칸에 들어갈 알맞은 단어를 찾아 연결하세요.

**1** 뉴스를 보니 일본에서 강한 ( ) 이 발생했다고 한다. •     • 육지

**2** ( )에서는 주민들을 위해 다양한 행사를 연다. •     • 지진

**3** 우리는 ( )에서 멀리 떨어진 섬으로 여행을 떠났다. •     • 지형

**4** 이곳은 평지보다 산이 많아서 ( ) 이 험하다. •     • 지자체

문장의 빈칸에 들어갈 알맞은 단어를 보기에서 찾아 넣으세요.

보기

관광지   지역   지구   지도

이번 여름 방학에 우리 가족은 유명한 (          )로 여행을 떠날 예정이다. 먼저, 아빠는 우리가 갈 (          )의 정보를 유튜브에서 찾아보셨다. 그다음 그곳이 (          )의 어느 대륙에 있는지 큰 지구본에서 확인했다. (          )를 보면서 여행 계획을 세우는 시간이 정말 즐거웠다. 이번 여행이 너무 기대된다.

 다음 한자 어휘를 넣어 짧은 글을 써 보세요.

지도

_____

관광지

_____

# 25 村(마을 촌)을 알아볼까요?

**1** 한자를 읽고 따라 쓰기

뜻 **마을**  음 **촌**

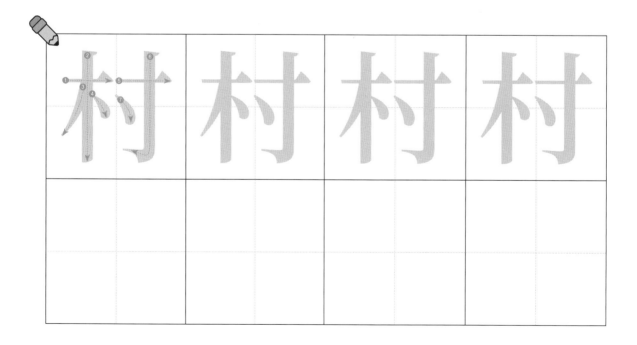

## 2 기본 어휘 알아보기

### 농촌(農村)

농사 **농**, 마을 **촌**

주민들이 농업 일을 하는 지역

### 촌락(村落)

마을 **촌**, 떨어질 **락**

시골 마을

# 村

### 부촌(富村)

부유할 **부**, 마을 **촌**

부자가 많이 사는 마을

### 어촌(漁村)

고기 잡을 **어**, 마을 **촌**

주민들이 어업 일을 하는 지역

## 3 문장에 알맞은 어휘 찾기

 문장의 빈칸에 들어갈 알맞은 단어를 보기에서 찾아 넣으세요.

보기

농촌   촌락   부촌   어촌

1 산속 작은 _____에는 사람들이 옹기종기 모여 산다.

2 _____에는 크고 넓은 집이 많다.

3 젊은 농부들이 _____에 많아졌다.

4 _____ 마을에는 바다에서 물고기를 잡는 사람이 많다.

115

다음 단어의 뜻을 읽고, 빈칸에 알맞은 글자를 채워 넣으세요.

**1** 전통 민속을 보존하기 위해 만든 마을 ⸺ **민속** ☐ **(民俗村)**

**2** 농촌을 떠나 도시로 이동하는 현상 ⸺ **이** ☐ **향도(離村向都)**

**3** 지구 전체를 하나의 마을처럼 부르는 말 ⸺ **지구** ☐ **(地球村)**

**4** 임업, 목축업을 하는 산에 있는 마을 ⸺ **산지** ☐ **(山地村)**

문장의 빈칸에 들어갈 알맞은 단어를 찾아 연결하세요.

**1** 인터넷 덕분에 (          )의 모든 사람이 쉽게 연결되었다.　　　　　·

**2** (          )에서는 주로 산에서 나는 농산물로 생활을 이어간다.　　　　　·

**3** 주말에 우리는 전통 생활을 체험할 수 있는 (          )에 다녀왔다.　　　　　·

**4** 최근 개발된 이 지역은 큰 집들과 고급 상점들이 들어서면서 (          )이 되었다.　　　　　·

·　**민속촌**

·　**지구촌**

·　**부촌**

·　**산지촌**

**6** **짧은 글에 알맞은 어휘 찾기**

✏️ **문장의 빈칸에 들어갈 알맞은 단어를 보기에서 찾아 넣으세요.**

> 보기
>
> 촌락   농촌   어촌   이촌향도

요즘 (              ) 현상으로 인해 많은 사람이 도시로 이주하고
있다. 이에 따라 (          )과 어촌 같은 작은 (            )들은 점
점 인구가 줄어들고 있다. 과거에는 농촌과 (          )에서 사람들
이 함께 모여 농업과 어업에 종사하며 살았지만, 요즘은 많은 사람이
일자리를 찾아 도시로 떠나고 있다고 한다. 이러다 촌락이 없어져 버
리는 게 아닐지 걱정이 된다.

 **7** **한자 어휘로 짧은 글쓰기**

✏️ **다음 한자 어휘를 넣어 짧은 글을 써 보세요.**

농촌

어촌

# 26 高(높을 고)를 알아볼까요?

뜻 **높을** 음 **고**

우와~

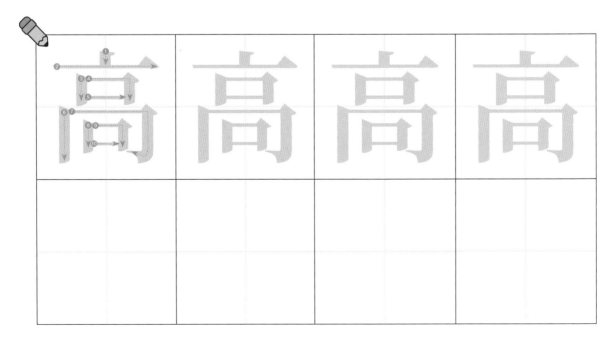

118

## 고수(高手)

높을 **고**, 손 **수**

어떤 분야에서 능력이
매우 뛰어난 사람

## 고령(高齡)

높을 **고**, 나이 **령**

나이가 많은 사람

高

## 고속(高速)

높을 **고**, 빠를 **속**

매우 빠른 속도

## 최고(最高)

가장 **최**, 높을 **고**

가장 높음

 **문장의 빈칸에 들어갈 알맞은 단어를 보기에서 찾아 넣으세요.**

> **보기**
>
> 고수    고령    고속    최고

**1** _____ 인구가 많은 지역에서는 노인을 위한 시설이 많다.

**2** _____ 도로에서는 자동차가 아주 빨리 달린다.

**3** 이번 시험에서 나는 _____ 점수를 받았다.

**4** 민철이는 게임을 정말 잘해서 나는 민철이를 _____라고 부른다.

## 4 어휘 확장하기

 다음 단어의 뜻을 읽고, 빈칸에 알맞은 글자를 채워 넣으세요.

**1** 동명왕 주몽이 세운 나라 ——— [ ] **구려(高句麗)**

**2** 고등학교를 졸업한 것 ——— [ ] **졸(高卒)**

**3** 혈압이 정상 수치보다 높은 것 ——— [ ] **혈압(高血壓)**

**4** 표준 고도 600m 이상의 높고 서늘한 곳 ——— [ ] **랭지(高冷地)**

## 5 단어 찾아 연결하기

 문장의 빈칸에 들어갈 알맞은 단어를 찾아 연결하세요.

**1** 우리나라는 (　　　) 인구가 점점 늘고 있다. ·

· 고구려

**2** (　　　) 농업은 기온이 낮은 곳에서 주로 이루어진다. ·

· 고혈압

**3** 백제는 (　　　)와 손잡고 신라와 싸웠다. ·

· 고령

**4** (　　　) 예방을 위해 채소를 많이 먹어야 한다. ·

· 고랭지

문장의 빈칸에 들어갈 알맞은 단어를 보기에서 찾아 넣으세요.

보기

최고   고수   고졸   고속

우리 형은 뛰어난 실력을 가진 수영 (          )이다. 형은 대학에 가지 않고, (          ) 상태에서 수영팀에 들어갔다. 팀에서 나이는 가장 어렸지만, 실력을 인정받아 팀의 주장이 되었다. 형은 (          )가 된 다음에도 노력을 게을리 하지 않았다. 형이 (          )으로 다른 선수를 앞서가는 모습은 정말 멋지다.

 다음 한자 어휘를 넣어 짧은 글을 써 보세요.

고수

최고

# 27 光(빛 광)을 알아볼까요?

뜻 **빛** 음 **광**

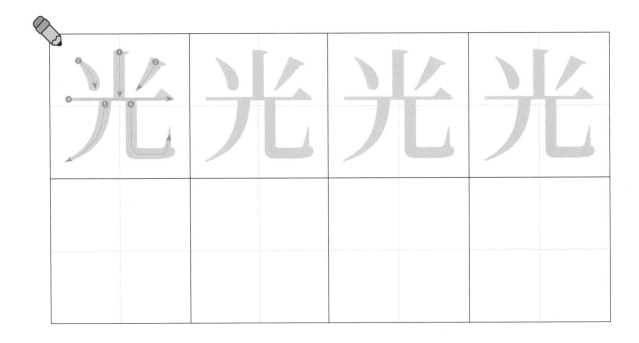

## 관광(觀光)

볼 관, 빛 광

다른 나라에 가서
그곳을 구경하는 일

## 광택(光澤)

빛 광, 못 택

물체의 표면에서
빛이 반짝거리는 것

## 야광(夜光)

밤 야, 빛 광

어둠 속에서 빛을 내는 것

## 광복(光復)

빛 광, 회복할 복

빼앗긴 주권을 다시 찾음

**3** 문장에 알맞은 어휘 찾기

 **문장의 빈칸에 들어갈 알맞은 단어를 보기에서 찾아 넣으세요.**

> **보기**
>
> 관광   광택   야광   광복

**1** 어두운 곳에 갈 때는 _____ 조끼를 입는다.

**2** 8월 15일은 우리나라가 일본으로부터 _____을 맞이한 날이다.

**3** 오래된 나무 가구에 _____을 내니 새것처럼 보인다.

**4** 우리 가족은 제주도로 _____을 갔다.

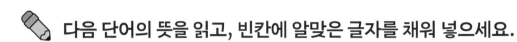

## 4 어휘 확장하기

✎ 다음 단어의 뜻을 읽고, 빈칸에 알맞은 글자를 채워 넣으세요.

1. 빛나고 아름다운 영예 —— 영 ☐ (榮光)

2. 빛의 줄기 —— ☐ 선(光線)

3. 생물이 빛을 이용해 스스로 양분을 만드는 것 —— ☐ 합성(光合成)

4. 빛을 내는 조명 장치 —— 형 ☐ 등(螢光燈)

## 5 단어 찾아 연결하기

✎ 문장의 빈칸에 들어갈 알맞은 단어를 찾아 연결하세요.

| 1 | 선생님께서 나를 칭찬해 주신 건 정말 (    )스러운 일이었다. | · | · | 광복 |
| 2 | 식물은 햇빛을 받아 (        )을 통해 자란다. | · | · | 야광 |
| 3 | 친구가 준 (      ) 스티커를 벽에 붙였더니 방이 환해졌다. | · | · | 영광 |
| 4 | 독립운동가들의 노력 덕분에 우리는 (        )을 이룰 수 있었다. | · | · | 광합성 |

124

문장의 빈칸에 들어갈 알맞은 단어를 보기에서 찾아 넣으세요.

**보기**

관광   광선   형광등   광택

여름 방학에 가족과 함께 이탈리아의 유명한 (          )지에 다녀왔
다. 그곳은 한마디로 빛나는 곳이었다. 온종일 날씨가 맑아서 햇빛이
(          )처럼 쏟아지는 곳이었기 때문이다. 심지어 그곳은 저녁에
도 밝았다. 그 이유는 우리 숙소에 있는 수백 개의 (          )이
우리를 환하게 비추어 주었기 때문이다. 숙소의 유리창에서도 깨끗한
(          )이 나며 반짝거렸다. 언젠가 다시 그곳에 가 보고 싶다.

 다음 한자 어휘를 넣어 짧은 글을 써 보세요.

관광

영광

# 28 讀(읽을 독)을 알아볼까요?

**1** 한자를 읽고 따라 쓰기

뜻 읽을  음 독

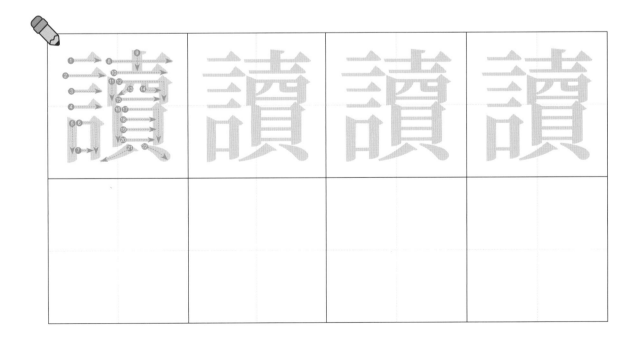

**독서(讀書)**

읽을 **독**, 글 **서**

책을 읽는 것

**다독(多讀)**

많을 **다**, 읽을 **독**

많이 읽는 것

讀

**낭독(朗讀)**

밝을 **낭**, 읽을 **독**

소리 내어 읽는 것

**독해(讀解)**

읽을 **독**, 풀 **해**

글을 읽고 뜻을 이해하는 것

**3** 문장에 알맞은 어휘 찾기

 문장의 빈칸에 들어갈 알맞은 단어를 보기에서 찾아 넣으세요.

> **보기**
>
> 독서   다독   낭독   독해

**1** 세종대왕은 어려서부터 책을 좋아하고 많이 읽는 _____ 습관이 있었다.

**2** 국어 시간에는 시를 큰 소리로 _____ 하는 활동을 했다.

**3** 선생님께서는 어려운 글을 이해하는 _____ 능력을 중요하게 여기신다.

**4** 나는 조용한 도서관에서 _____ 하는 것을 좋아한다.

**다음 단어의 뜻을 읽고, 빈칸에 알맞은 글자를 채워 넣으세요.**

**1** 지속해서 책이나 신문, 온라인 콘텐츠 등을 받아보는 것 —— **구**☐**(購讀)**

**2** 반드시 읽어야 할 책 —— **필**☐**서(必讀書)**

**3** 책을 읽은 뒤 느낌을 쓴 글 —— ☐**후감(讀後感)**

**4** 다른 사람의 속마음을 알아내는 기술 —— ☐**심술(讀心術)**

 **문장의 빈칸에 들어갈 알맞은 단어를 찾아 연결하세요.**

**1** 친구가 시를 큰 소리로 (　　　)하니 수업 분위기가 더 밝아졌다. ・    ・ 독해

**2** 마술사는 (　　　)로 관객의 마음을 읽는 척했다. ・    ・ 낭독

**3** 어려운 문장이라도 차근차근 (　　　)하면 쉽게 이해할 수 있다. ・    ・ 독심술

**4** 나는 재미있는 유튜브 채널을 (　　　)해서 새로운 영상을 놓치지 않는다. ・    ・ 구독

문장의 빈칸에 들어갈 알맞은 단어를 보기에서 찾아 넣으세요.

> 보기
>
> 필독서   독서   독후감   다독

우리 반 선생님께서는 (          )이 우리의 공부 머리를 키워주는
데 도움이 된다고 항상 말씀하셨다. 그래서 나는 이번 방학 숙제로
선생님께서 추천하신 (            ) 읽기를 정복하려 한다. 특히
이번에는 그냥 (        )만 하는 게 아니라 (            )을 써서
제출해야 하므로 중간중간 내 생각을 정리하며 책을 읽어야겠다.

 다음 한자 어휘를 넣어 짧은 글을 써 보세요.

독서

독후감

# 29 聞(들을 문)을 알아볼까요?

뜻 **들을** 음 **문**

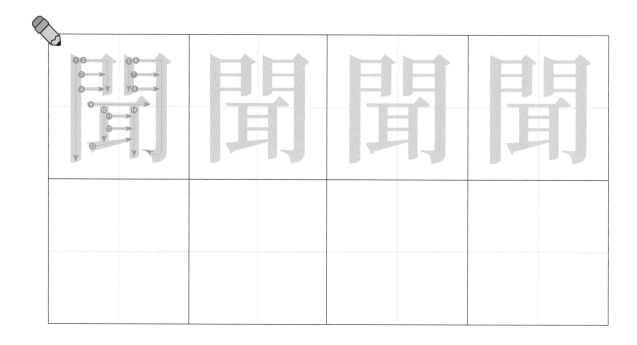

130

### 신문(新聞)
새 **신**, 들을 **문**

새로운 소식이 담긴 정기 간행물

### 견문(見聞)
볼 **견**, 들을 **문**

보고 들음

### 소문(所聞)
바 **소**, 들을 **문**

사람들의 입에 오르내리면서
들리는 말

### 후문(後聞)
뒤 **후**, 들을 **문**

사람들에게 잘 알려지지 않은
어떤 일에 대한 뒷이야기

**3** 문장에 알맞은 어휘 찾기

 **문장의 빈칸에 들어갈 알맞은 단어를 보기에서 찾아 넣으세요.**

> **보기**
>
> 신문   견문   소문   후문

**1** 다양한 책을 읽으면 _____을 넓힐 수 있다.

**2** 그 분식집은 맛있다고 _____이 난 유명한 곳이다.

**3** 진실과 달리 그가 사건의 범인이라는 _____이 돌았다.

**4** 아빠는 매일 _____을 읽으며 하루를 시작하신다.

**다음 단어의 뜻을 읽고, 빈칸에 알맞은 글자를 채워 넣으세요.**

1 바람처럼 떠돌아다니는 소문 —— 풍 ☐ (風聞)

2 방금 처음으로 들었다는 것 —— 금시초 ☐ (今時初聞)

3 조선 시대에 억울한 일을 당한 백성이 치던 북 —— 신 ☐ 고(申聞鼓)

4 어떤 문제에 대해 서로 의견을 묻는 모임 —— 청 ☐ 회(聽聞會)

**문장의 빈칸에 들어갈 알맞은 단어를 찾아 연결하세요.**

1 여행을 통해 (       )을 넓히는 것이 중요하다. · · 청문회

2 조선 시대에 (       )는 백성들이 억울함을 알릴 수 있는 중요한 도구였다. · · 견문

3 (       )에 따르면 새로운 문구점이 곧 문을 연다고 한다. · · 신문고

4 국회의원이 모여 중요한 문제를 논의하는 (       )가 열렸다. · · 소문

132

**6** **짧은 글에 알맞은 어휘 찾기**

 **문장의 빈칸에 들어갈 알맞은 단어를 보기에서 찾아 넣으세요.**

보기

풍문   신문   소문   금시초문

어제 학교에서 우리 반 담임 선생님이 바뀐다는 (          )을 들었
다. 친구들이 말하기를 이 이야기는 2학기 초부터 (          )처럼 떠
돌고 있는 이야기라고 한다. 그런데 나는 이 소식을 듣고 정말 놀랐는
데 왜냐하면 (               )인 이야기였기 때문이다. 그런데 오늘
우리 학교 월간 (          )에서 확인해 보니 그 소문은 사실이 아니
었고, 다른 반 담임 선생님이 바뀌는 것이었다.

**7** **한자 어휘로 짧은 글쓰기**

**다음 한자 어휘를 넣어 짧은 글을 써 보세요.**

신문

소문

# 30 分(나눌 분)을 알아볼까요?

뜻 나눌 음 분

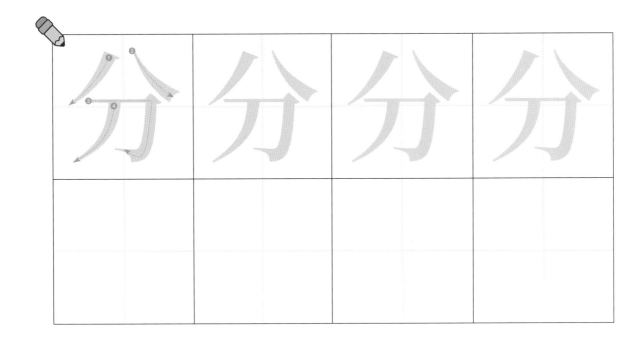

**기분(氣分)**

기운 **기**, 나눌 **분**

마음 속에 있는 유쾌함,
불쾌함과 같은 감정

**부분(部分)**

거느릴 **부**, 나눌 **분**

전체를 이루는 작은 범위

**분류(分類)**

나눌 **분**, 무리 **류**

종류에 따라 가르는 것

**신분(身分)**

몸 **신**, 나눌 **분**

개인의 사회적 위치 또는 계급

**3** 문장에 알맞은 어휘 찾기

 문장의 빈칸에 들어갈 알맞은 단어를 보기에서 찾아 넣으세요.

> **보기**
>
> 기분  부분  분류  신분

**1** 이 책에서 가장 중요한 _____은 마지막 장이다.

**2** 과일을 크기와 색깔별로 _____ 해서 상자에 담았다.

**3** 오늘은 날씨가 맑아서 _____이 좋다.

**4** 옛날에는 _____에 따라 입을 수 있는 옷이 달랐다.

✏️ 다음 단어의 뜻을 읽고, 빈칸에 알맞은 글자를 채워 넣으세요.

**1** 서로 나누어 떨어지는 것 —— ☐ 리(分離)

**2** 아이를 낳는 것 —— ☐ 만(分娩)

**3** 분수에서 가로줄 위에 있는 수 —— ☐ 자(分子)

**4** 틀림없이 확실하게 —— ☐ 명(分明)

✏️ 문장의 빈칸에 들어갈 알맞은 단어를 찾아 연결하세요.

**1** 왕은 백성들과 다른 특별한 (    )을 가지고 있었다. · · 기분

**2** 분수에서 (    )는 나누어지는 수를 뜻한다. · · 신분

**3** 동물원의 코끼리가 새끼를 (    )했다는 기사를 읽었다. · · 분자

**4** 비가 오니까 조금 우울한 (    )이 들었다. · · 분만

문장의 빈칸에 들어갈 알맞은 단어를 보기에서 찾아 넣으세요.

보기

분리  분류  부분  분명

오늘 생태 환경 수업에서 쓰레기를 올바르게 (          )해 버리는 방법을 배웠다. 우리는 재활용할 수 있는 물건과 그렇지 않은 물건을 (          )해 보는 활동을 했다. 이때 나는 어떤 게 재활용이 가능한 (          )인지를 살펴보며 올바르게 구별하려고 노력했다. 나는 이번 수업을 통해 왜 분리수거가 중요한지를 (          )하게 알 수 있었다.

 다음 한자 어휘를 넣어 짧은 글을 써 보세요.

기분

부분

# 31 雪(눈 설)을 알아볼까요?

**한자를 읽고 따라 쓰기**

 뜻 눈   음 설

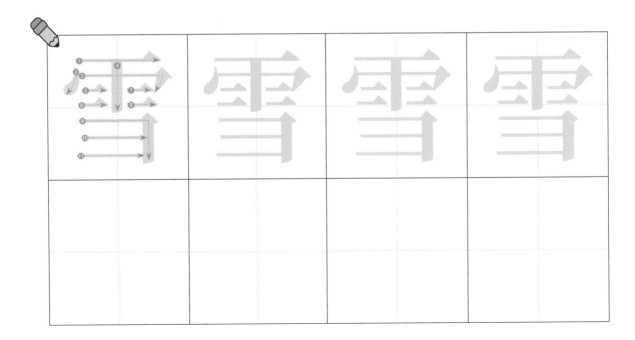

### 대설(大雪)
큰 대, 눈 설

아주 많이 오는 눈

### 설산(雪山)
눈 설, 메 산

눈이 쌓인 산

### 설탕(雪糖)
눈 설, 엿 탕

달콤한 맛이 나는 작은 가루

### 백설(白雪)
흰 백, 눈 설

하얀 눈

**3** 문장에 알맞은 어휘 찾기

 문장의 빈칸에 들어갈 알맞은 단어를 보기에서 찾아 넣으세요.

보기

대설   설산   설탕   백설

**1** _____ 공주 이야기는 내가 좋아하는 동화 중 하나다.

**2** 먼 곳에 _____ 이 보이는데 꼭 그림 속의 풍경 같다.

**3** 단 음료에는 _____ 이 많이 들어 있어 과하게 마시면 안 된다.

**4** 겨울에는 종종 _____ 경보가 내려서 교통이 마비되곤 한다.

 다음 단어의 뜻을 읽고, 빈칸에 알맞은 글자를 채워 넣으세요.

1 눈이 쌓인 경치 ┄┄┄ ☐ 경(雪景)

2 쌓인 눈을 치우는 일 ┄┄ 제 ☐ (除雪)

3 갑자기 많은 눈이 내리는 것 ┄┄ 폭 ☐ (暴雪)

4 눈이 덮인 벌판 ┄┄┄ ☐ 원(雪原)

문장의 빈칸에 들어갈 알맞은 단어를 찾아 연결하세요.

1 눈이 많이 오면 사람들이 미끄러지지 않도록 (　　)차가 다닌다.　·

·　설탕

2 (　　)이 내려 세상이 하얗게 변했다.　·

·　제설

3 엄마는 커피에 (　　)을 조금 넣으셨다.　·

·　백설

4 겨울이 되면 (　　)에서 스키를 타는 사람이 많다.　·

·　설원

**6** 짧은 글에 알맞은 어휘 찾기

✏️ 문장의 빈칸에 들어갈 알맞은 단어를 보기에서 찾아 넣으세요.

> 보기
>
> 대설  설산  설경  폭설

겨울에 (        ) 주의보나 대설 경보가 발표되는 날이 있다. 이런 날 눈이 많이 쌓이면 산이 하얗게 변해 (      )이 된다. 이렇게 눈 덮인 산의 (      )은 정말 아름답다. 하지만 눈이 계속해서 내리면 (      )이 되어 피해가 발생해 위험할 수 있으니 조심해야 한다.

 **7** 한자 어휘로 짧은 글쓰기

✏️ 다음 한자 어휘를 넣어 짧은 글을 써 보세요.

설탕

폭설

# 32 新(새 신)을 알아볼까요?

**1** 한자를 읽고 따라 쓰기

뜻 새 음 신

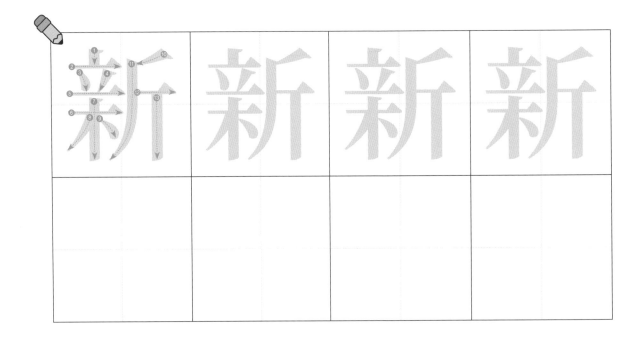

## 2 기본 어휘 알아보기

### 신년(新年)
새 **신**, 해 **년**

새로 시작하는 해

### 신선(新鮮)
새 **신**, 고울 **선**

새롭고 산뜻함

新

### 신입(新入)
새 **신**, 들 **입**

어떤 모임에 새로 들어옴

### 신혼(新婚)
새 **신**, 혼인할 **혼**

이제 막 결혼함

## 3 문장에 알맞은 어휘 찾기

 문장의 빈칸에 들어갈 알맞은 단어를 보기에서 찾아 넣으세요.

**보기**

신년   신선   신입   신혼

**1** 아빠 회사에 _____ 사원이 들어왔다는 이야기를 들었다.

**2** 우리 이모는 _____ 여행으로 제주도에 다녀오셨다.

**3** 이 과일은 아주 _____해서 맛이 좋다.

**4** 우리 가족은 _____에 다 같이 모여 떡국을 먹는다.

**4** 어휘 확장하기

 다음 단어의 뜻을 읽고, 빈칸에 알맞은 글자를 채워 넣으세요.

**1** 기존 기록보다 뛰어난 새로운 기록 ⎯⎯ ☐ **기록(新記錄)**

**2** 새롭게 생활하는 장소 ⎯⎯ ☐ **세계(新世界)**

**3** 새롭게 생겨난 말 ⎯⎯ ☐ **조어(新造語)**

**4** 새로 만들어진 물건 ⎯⎯ ☐ **제품(新製品)**

**5** 단어 찾아 연결하기

 문장의 빈칸에 들어갈 알맞은 단어를 찾아 연결하세요.

**1** 이 영화는 우리에게 전에 없던 (          )를 보여줬다.  ·          · **신년**

**2** 올해 우리 학교에 많은 (          ) 생이 입학했다.  ·          · **신기록**

**3** 담임 선생님께 (          ) 인사를 드렸다.  ·          · **신세계**

**4** 이번 마라톤에서 많은 선수가 (          )을 세웠다.  ·          · **신입**

**6** 짧은 글에 알맞은 어휘 찾기

✏️ 문장의 빈칸에 들어갈 알맞은 단어를 보기에서 찾아 넣으세요.

보기

신선  신혼  신조어  신제품

지난 주말, 부모님과 함께 가전제품을 사러 갔다. 부모님께서 (

) 때 사신 가전제품이 오래돼서 이번에 (                )으로 장만

하기로 하셨다. 새로운 가전제품은 기능이 많고 (        )한 디자인

으로 눈길을 끌었다. 요즘에는 가전제품에 대한 설명이 (        )

로 되어 있어서 엄마는 그 뜻을 알아보느라 한참을 고민하셨다.

 **7** 한자 어휘로 짧은 글쓰기

✏️ 다음 한자 어휘를 넣어 짧은 글을 써 보세요.

신기록

신제품

## 1 한자를 읽고 따라 쓰기

뜻 소리 음 음

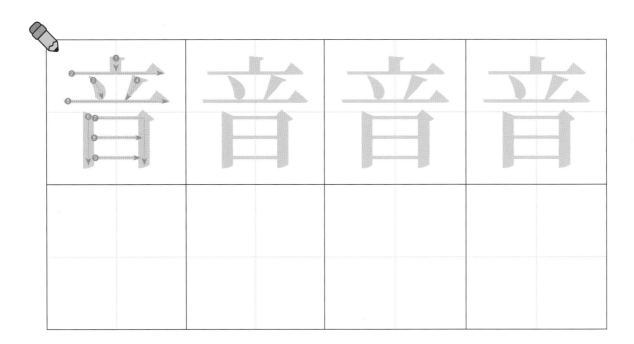

### 발음(發音)
필 **발**, 소리 **음**

목소리나 말소리를 내는 것

### 방음(防音)
막을 **방**, 소리 **음**

안의 소리가 밖으로
나가지 못하게 막음

分

### 음악(音樂)
소리 **음**, 노래 **악**

악기나 목소리를 이용해
표현하는 예술

### 자음(子音)
아들 **자**, 소리 **음**

우리 말의 'ㄱ, ㄴ, ㄷ' 등을
가리키는 말

**3** 문장에 알맞은 어휘 찾기

 **문장의 빈칸에 들어갈 알맞은 단어를 보기에서 찾아 넣으세요.**

보기

발음   방음   음악   자음

**1** 새로 이사 간 집은 _____ 이 안 되어서 이웃집 소리가 들린다.

**2** 한글은 _____ 과 모음이 합쳐져서 글자가 만들어진다.

**3** 나는 _____ 시간에 리코더 연주법을 배웠다.

**4** 선생님께서 어려운 영어 단어의 _____ 을 정확하게 알려주셨다.

다음 단어의 뜻을 읽고, 빈칸에 알맞은 글자를 채워 넣으세요.

**1** 사람의 귀로 듣지 못하는 음파 ⸺ **초** ☐ **파(超音波)**

**2** 물체에서 나는 소리 ⸺ ☐ **향(音響)**

**3** 악보에서 음을 나타내는 기호 ⸺ ☐ **표(音標)**

**4** 시끄러운 여러 종류의 소리 ⸺ **잡** ☐ **(雜音)**

 문장의 빈칸에 들어갈 알맞은 단어를 찾아 연결하세요.

**1** 배 속의 아기를 보기 위해 (　　) 검사를 받았다. ・　　・ **발음**

**2** 올바르게 (　　)하려면 천천히 말하는 연습을 해야 한다. ・　　・ **자음**

**3** 악보에 있는 (　　)를 잘 보고 연주해야 한다. ・　　・ **초음파**

**4** 한글은 14개의 (　　)과 10개의 모음으로 이루어져 있다. ・　　・ **음표**

**6**  짧은 글에 알맞은 어휘 찾기

✎ 문장의 빈칸에 들어갈 알맞은 단어를 보기에서 찾아 넣으세요.

보기

음악   방음   음향   잡음

어제 (          ) 수업 때 친구들과 함께 악기를 연주했는데 정말 재
미있었다. 그런데 교실이 너무 시끄러워서 선생님께서는 다음 수
업부터는 (          ) 시설이 잘 갖추어진 음악실로 옮겨 수업하자
고 하셨다. 새로운 음악실에서는 전자 악기들의 (          )도 좋고,
(          )도 없이 우리가 연주하는 소리만 깔끔하게 들렸다.


**7**  한자 어휘로 짧은 글쓰기

✎ 다음 한자 어휘를 넣어 짧은 글을 써 보세요.

음악

발음

## 34 戰(싸움 전)을 알아볼까요?

**1** 한자를 읽고 따라 쓰기

뜻 **싸움** 음 **전**

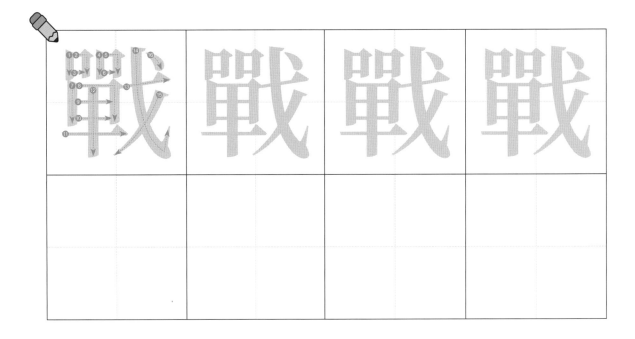

### 휴전(休戰)
쉴 **휴**, 싸움 **전**

전쟁을 잠시 멈춤

### 전쟁(戰爭)
싸움 **전**, 다툴 **쟁**

국가와 국가, 단체와 단체가
싸우는 일

### 도전(挑戰)
돋울 **도**, 싸움 **전**

정면으로 맞서 싸움을 거는 일

### 실전(實戰)
열매 **실**, 싸움 **전**

실제 싸움

**3** 문장에 알맞은 어휘 찾기

 문장의 빈칸에 들어갈 알맞은 단어를 보기에서 찾아 넣으세요.

보기

휴전   전쟁   도전   실전

**1** 새로운 목표에 _____하는 것은 정말 재미있다.

**2** 우리 할아버지는 예전에 큰 _____에 참여하셨다고 한다.

**3** 축구 연습이 끝난 후, 우리는 진짜 경기처럼 _____ 훈련을 했다.

**4** 두 나라가 _____을 선언하고 싸움을 멈추기로 했다.

**4** 어휘 확장하기

 **다음 단어의 뜻을 읽고, 빈칸에 알맞은 글자를 채워 넣으세요.**

**1** 전쟁을 반대함 ⎯⎯ **반** ☐ **(反戰)**

**2** 운동 경기의 마지막 시합 ⎯⎯ **결승** ☐ **(決勝戰)**

**3** 전쟁을 이끄는 방법 ⎯⎯ ☐ **략(戰略)**

**4** 어떤 일을 하기 위해 필요한 방법을 생각하는 것 ⎯⎯ **작** ☐ **(作戰)**

**5** 단어 찾아 연결하기

 **문장의 빈칸에 들어갈 알맞은 단어를 찾아 연결하세요.**

**1** ( )에서 중요한 것은 긴장하지 않고 연습한 대로 하는 것이다. • · **도전**

**2** 나는 이번 수학 대회에 ( )하 기로 결심했다. • · **실전**

**3** 시민들이 ( )을 외치며 거리를 걷고 있다. • · **반전**

**4** 우리 학교 배구팀은 ( )에서 최선을 다했다. • · **결승전**

152

문장의 빈칸에 들어갈 알맞은 단어를 보기에서 찾아 넣으세요.

보기

전쟁  휴전  작전  전략

옛날에 두 나라가 오랫동안 (　　　　)을 하고 있었다. 오랜 전투로 양쪽 모두가 지쳤기 때문에 일단 (　　　　)을 선언하고 잠시 싸움을 멈추기로 했다. 그동안 두 나라의 장수들은 다음 (　　　)을 세우기 위해 밤낮으로 고민했다. 좋은 (　　　　)과 이에 따른 실행이 있어야 전쟁에서 승리할 수 있다고 믿었기 때문이다.

 다음 한자 어휘를 넣어 짧은 글을 써 보세요.

도전

작전

## 1 한자를 읽고 따라 쓰기

뜻 **바람** 음 **풍**

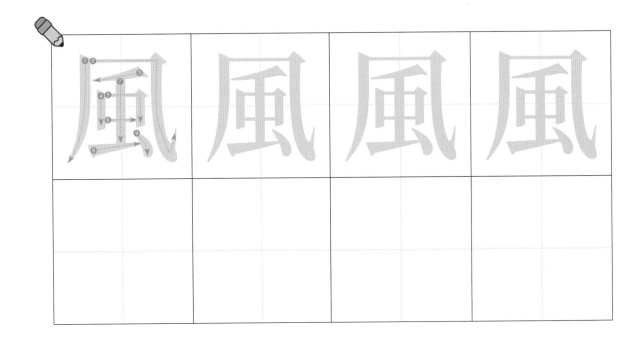

## 풍선(風船)

바람 **풍**, 배 **선**

얇은 고무에 공기를 넣어
공중에 뜨게 만든 물건

## 병풍(屛風)

병풍 **병**, 바람 **풍**

바람을 막거나 장식용으로
방 안에 치는 물건

## 소풍(逍風)

노닐 **소**, 바람 **풍**

휴식을 취하기 위해
야외에 다녀오는 일

## 태풍(颱風)

태풍 **태**, 바람 **풍**

강한 비바람을 동반한
자연 현상

**3** 문장에 알맞은 어휘 찾기

 **문장의 빈칸에 들어갈 알맞은 단어를 보기에서 찾아 넣으세요.**

> 보기
>
> 풍선  병풍  소풍  태풍

**1** 우리 할머니 댁에는 예쁜 그림이 그려진 _____이 있다.

**2** _____이 지나가고 나니 하늘이 맑아졌다.

**3** 생일 파티를 위해 알록달록한 _____을 많이 불었다.

**4** 내일 학교에서 놀이공원으로 _____을 간다.

**4  어휘 확장하기**

✏️ 다음 단어의 뜻을 읽고, 빈칸에 알맞은 글자를 채워 넣으세요.

**1** 갑자기 세게 부는 바람 —— 돌 ☐ (突風)

**2** 날개를 돌려 바람을 만드는 장치 —— 선 ☐ 기(扇風機)

**3** 산, 들 등의 자연 모습 —— ☐ 경(風景)

**4** 옛날부터 전해 오는 생활 습관 —— ☐ 속(風俗)

**5  단어 찾아 연결하기**

✏️ 문장의 빈칸에 들어갈 알맞은 단어를 찾아 연결하세요.

**1** 갑자기 강한 (      )이 불어서 모자가 날아갔다.   •        •  병풍

**2** 뉴스에서 이번 (      )이 아주 강할 거라고 경고했다.   •        •  돌풍

**3** 할머니 댁에 가면 오래된 (      )을 볼 수 있다.   •        •  태풍

**4** 이웃을 돕는 것은 우리 민족의 좋은 (      )이다.   •        •  풍속

156

문장의 빈칸에 들어갈 알맞은 단어를 보기에서 찾아 넣으세요.

보기

소풍  풍선  풍경  선풍기

오늘은 (          )날이었다. 놀이공원에 도착해 준비해 온 도시락을 먹으며 근처의 멋진 (          )을 감상했다. 헬륨 (          )을 산 친구가 있었는데 실수로 풍선을 잡았던 손을 놓아버렸다. 친구에겐 미안하지만, 파란 하늘과 하늘로 날아가는 풍선이 잘 어울렸다. 또 오늘은 매우 더웠는데 혹시 몰라 챙겨간 휴대용 (          )가 있어 다행히 시원하게 보낼 수 있었다.

**7** 한자 어휘로 짧은 글쓰기

 다음 한자 어휘를 넣어 짧은 글을 써 보세요.

소풍

선풍기

# 고급

옛고

가까울 근

많을 다

눈목

병병

밤야

말씀 언

옷의

사람 자

| 親 | 法 | 相 |
|---|---|---|
| 친할 친 | 법 법 | 서로 상 |

| 品 | 商 | 友 |
|---|---|---|
| 물건 품 | 장사 상 | 벗 우 |

# 36 古(옛 고)를 알아볼까요?

뜻 옛 음 고

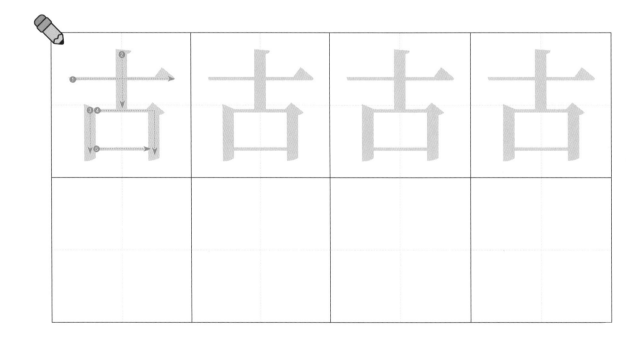

160

## 2 기본 어휘 알아보기

**고궁(古宮)**
옛 고, 집 궁

옛날의 궁궐

**고목(古木)**
옛 고, 나무 목

오래된 나무

**고전(古典)**
옛 고, 법 전

오랫동안 많은 사람에게 읽힌 작품

**중고(中古)**
가운데 중, 옛 고

오래되고 낡은 물건

## 3 문장에 알맞은 어휘 찾기

 문장의 빈칸에 들어갈 알맞은 단어를 보기에서 찾아 넣으세요.

보기

고궁  고목  고전  중고

**1** 숲속에서 커다란 _____을 보니 정말 신기했다.

**2** 오늘 선생님께서 우리에게 유명한 _____ 소설을 읽어주셨다.

**3** 나는 학교 앞 _____ 서점에서 그림책을 샀다.

**4** _____ 안에는 예전 왕들이 살던 멋진 건물이 있다.

다음 단어의 뜻을 읽고, 빈칸에 알맞은 글자를 채워 넣으세요.

**1** 옛날 물건 ——— ☐ 물(古物)

**2** 고대에 만들어진 무덤 ——— ☐ 분(古墳)

**3** 단군왕검이 세운 우리나라 최초의 국가 ——— ☐ 조선(古朝鮮)

**4** 옛 시대 ——— ☐ 대(古代)

문장의 빈칸에 들어갈 알맞은 단어를 찾아 연결하세요.

**1** 이 책은 전 세계적으로 유명한 (     ) 소설이다.     ·          · 고목

**2** 경주에는 신라 시대 왕들의 (     )이 많이 남아 있다.     ·          · 고전

**3** 우리는 역사 시간에 (     )의 왕이 었던 단군의 이야기를 배웠다.     ·          · 고분

**4** 마을 입구에 있는 (     )은 수백 년 동 안 그 자리에 있었다고 한다.     ·          · 고조선

✏️ 문장의 빈칸에 들어갈 알맞은 단어를 보기에서 찾아 넣으세요.

> 보기
>
> 중고   고물   고궁   고대

나는 얼마 전 (          ) 서점에서 오래된 책을 한 권 샀다. 그 책은 처음엔 (          )처럼 보였지만, 읽다 보니 아주 흥미로운 (          ) 이야기가 담겨 있는 책이었다. 특히, 그 이야기 속에 나오는 (          )에 대한 설명이 매우 인상적이었다. 옛 궁궐의 아름다움과 역사적 의미를 알게 된 나는 기회가 된다면 그곳을 꼭 한번 방문해 보고 싶다.

✏️ 다음 한자 어휘를 넣어 짧은 글을 써 보세요.

| 중고 | |
|------|--|
| 고물 | |

# 37 近(가까울 근)을 알아볼까요?

찰 싹

뜻 가까울 음 근

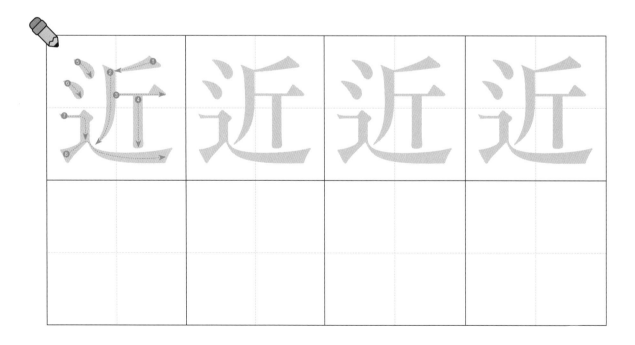

164

### 근교(近郊)
가까울 **근**, 들 **교**

도시 가까운 곳에 있는 마을

### 근시(近視)
가까울 **근**, 볼 **시**

가까운 것은 잘 보지만
먼 것은 잘 보지 못하는 시력

### 근처(近處)
가까울 **근**, 곳 **처**

가까운 곳

### 최근(最近)
가까울 **근**, 가장 **최**

가장 가까움

**3 문장에 알맞은 어휘 찾기**

 문장의 빈칸에 들어갈 알맞은 단어를 보기에서 찾아 넣으세요.

> **보기**
>
> 근교  근시  근처  최근

**1** 우리 가족은 주말에 부산 _____로 여행을 간다.

**2** 우리 집 _____에 큰 공원이 있어 자주 놀러 간다.

**3** _____가 심해져서 안경을 새로 맞춰야 한다.

**4** _____ 들어 날씨가 점점 더 따뜻해지고 있다.

**다음 단어의 뜻을 읽고, 빈칸에 알맞은 글자를 채워 넣으세요.**

**1** 근대적인 상태가 되는 것 ⎯⎯ ☐ 대화(近代化)

**2** 가깝고 친하다는 느낌 ⎯ 친 ☐ 감(親近感)

**3** 요즘 상황 ⎯⎯ ☐ 황(近況)

**4** 가까이 지내는 사람 ⎯⎯ 측 ☐ (側近)

**문장의 빈칸에 들어갈 알맞은 단어를 찾아 연결하세요.**

**1** 나는 (    )가 있어서 멀리 있는 것이 잘 안 보인다. ·    · 근교

**2** (      ) 덕분에 새로운 기술과 기계가 많이 생겼다. ·    · 근시

**3** 나는 새로운 친구와 대화를 나누면서 (    )을 느꼈다. ·    · 근대화

**4** 대도시 (    )의 인구가 계속해서 늘어나고 있다. ·    · 친근감

166

문장의 빈칸에 들어갈 알맞은 단어를 보기에서 찾아 넣으세요.

보기

최근  근황  측근  근처

얼마 전, 나의 오랜 친구 선영이에게 연락해서 (          )에 어떻게
지내는지 물어봤다. 선영이는 새로운 취미를 시작했다고 하며 그에
대한 (          )을 이야기해 줬다. 선영이가 우리 집 (          )에
살기 때문에 자세한 이야기는 다음에 만나서 하기로 했다. 그때는 나
의 (          )인 시완이도 함께 데려가 소개할 계획이다.

 다음 한자 어휘를 넣어 짧은 글을 써 보세요.

근처

친근감

# 38 多(많을 다)를 알아볼까요?

뜻 많을 음 다

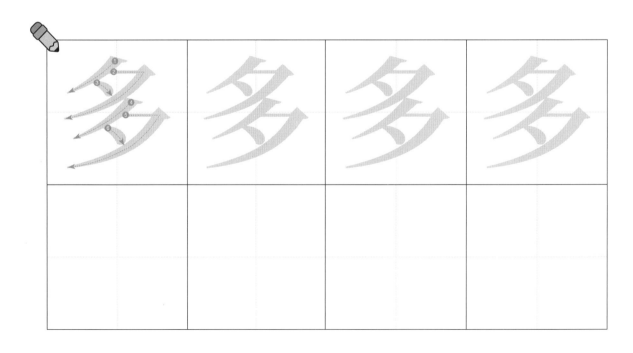

168

다독(多讀)

많을 **다**, 읽을 **독**

많이 읽음

다면(多面)

많을 **다**, 낯 **면**

여러 방면

다양(多樣)

많을 **다**, 모양 **양**

여러 가지 모양

다정(多情)

많을 **다**, 뜻 **정**

정이 많음

 문장의 빈칸에 들어갈 알맞은 단어를 보기에서 찾아 넣으세요.

보기

다독   다면   다양   다정

**1** 오늘 과학 시간에는 _____한 실험 도구를 사용했다.

**2** 우리 누나는 _____에 재주가 있다.

**3** 친구가 나에게 _____한 인사를 건네주어서 기분이 좋았다.

**4** 부모님께서는 내가 _____하는 습관을 기르도록 격려해 주신다.

다음 단어의 뜻을 읽고, 빈칸에 알맞은 글자를 채워 넣으세요.

**1** 삼각형, 사각형, 오각형 등의 평면 도형 ⎯⎯ ☐ **각형(多角形)**

**2** 여러 나라가 섞여 있는 것 ⎯⎯ ☐ **국적(多國籍)**

**3** 하나의 사회 안에 여러 나라의 문화가 섞여 있는 것 ⎯⎯ ☐ **문화(多文化)**

**4** 쉽게 흥분하거나 성급한 기질 ⎯⎯ ☐ **혈질(多血質)**

문장의 빈칸에 들어갈 알맞은 단어를 찾아 연결하세요.

**1** 내 친구는 (　　　)이라서 금방 화를 내곤 한다. ・ ・ **다면**

**2** 엄마께서 나를 (　　　)하게 안아 주셨다. ・ ・ **다혈질**

**3** 그 연예인은 (　　　)에 훌륭한 재능을 지녔다. ・ ・ **다각형**

**4** 정사각형도 (　　　)의 한 종류 에 속한다. ・ ・ **다정**

**6** 짧은 글에 알맞은 어휘 찾기

✏️ 문장의 빈칸에 들어갈 알맞은 단어를 보기에서 찾아 넣으세요.

> 보기
>
> 다문화   다독   다양   다국적

우리 반에는 (            ) 가정 친구가 많다. 얼마 전 학급 행사 때 그 아이들이 여러 나라의 전통 음식을 소개해 주어서 (            ) 한 문화를 배울 수 있었다. 나는 이렇게 (            ) 학생들이 모여 있어 여러 나라의 문화를 경험할 수 있는 우리 반이 좋다. 이제부터 나는 우리 반 급우들을 잘 이해하기 위해 다문화와 관련된 책을 (            )할 것이다.

**7** 한자 어휘로 짧은 글쓰기

✏️ 다음 한자 어휘를 넣어 짧은 글을 써 보세요.

| 다양 | |
|---|---|

| 다정 | |
|---|---|

# 39 目(눈 목)을 알아볼까요?

**1** 한자를 읽고 따라 쓰기

뜻 눈 음 목

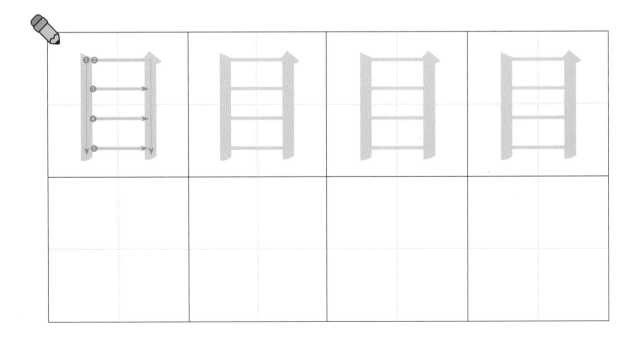

### 두목(頭目)
머리 **두**, 눈 **목**

어떤 패거리의 우두머리

### 과목(科目)
과목 **과**, 눈 **목**

가르치거나 배울 것을 구분한 영역

### 목차(目次)
눈 **목**, 버금 **차**

제목이나 목록

### 제목(題目)
제목 **제**, 눈 **목**

작품이나 책 등의 내용을
알리기 위해 붙인 이름

**3** 문장에 알맞은 어휘 찾기

 **문장의 빈칸에 들어갈 알맞은 단어를 보기에서 찾아 넣으세요.**

> 보기
>
> 두목    과목    목차    제목

**1** 내가 제일 좋아하는 _____은 과학이다.

**2** 책의 _____를 보면 어떤 내용을 다루고 있는지 알 수 있다.

**3** 영화의 _____이 흥미로워서 친구들과 보기로 했다.

**4** 옛날이야기 속 _____은 보통 용감한 사람이다.

다음 단어의 뜻을 읽고, 빈칸에 알맞은 글자를 채워 넣으세요.

1 어떤 일을 직접 눈으로 본 사람 ⸺ ☐ 격자(目擊者)

2 어떤 이름이나 제목을 순서대로 적은 것 ⸺ ☐ 록(目錄)

3 사물을 보고 판단하는 눈 ⸺ 안 ☐ (眼目)

4 여러 종류별로 나눈 항목 ⸺ 종 ☐ (種目)

문장의 빈칸에 들어갈 알맞은 단어를 찾아 연결하세요.

1 교통사고 (　　　)가 경찰에게 상황을 설명했다.　·

2 책 속 주인공들은 (　　　)의 명령을 받고 일부러 나쁜 행동을 했다.　·

3 그는 미술 작품을 고르는 (　　　)이 뛰어나다.　·

4 올림픽에는 다양한 스포츠 (　　　)이 있다.　·

· 두목

· 목격자

· 종목

· 안목

**6** 짧은 글에 알맞은 어휘 찾기

✏️ 문장의 빈칸에 들어갈 알맞은 단어를 보기에서 찾아 넣으세요.

보기

과목   목록   제목   목차

오늘 학교에서 선생님께서 다음 학년에서 배우게 될 (        )을 알려주셨다. 선생님께서 주신 종이에는 배우게 될 과목의 (        )이 정리되어 있었다. 나는 가장 먼저 국어 교과서를 펴서 첫 번째 단원의 (        )을 확인했다. 교과서의 (        )를 보니, 이번 학기에 배울 내용이 한눈에 보여서 공부 계획을 세우기 쉬울 것 같았다.

**7** 한자 어휘로 짧은 글쓰기

✏️ 다음 한자 어휘를 넣어 짧은 글을 써 보세요.

제목

과목

# 40 病(병 병)을 알아볼까요?

**1** 한자를 읽고 따라 쓰기

뜻 병 음 병

176

### 간병(看病)

볼 **간**, 병 **병**

아픈 사람 곁에서 돌보고
시중을 드는 것

### 병균(病菌)

병 **병**, 세균 **균**

병의 원인이 되는 균

病

### 병원(病院)

병 **병**, 집 **원**

아픈 사람을 치료하는 곳

### 질병(疾病)

병 **질**, 병 **병**

몸에 있는 여러 가지 병

 **문장의 빈칸에 들어갈 알맞은 단어를 보기에서 찾아 넣으세요.**

보기

간병   병균   병원   질병

**1** 비누로 손을 씻어야 _____이 사라진다.

**2** 나는 감기에 걸려서 _____에 다녀왔다.

**3** 건강한 생활 습관을 유지하면 _____을 예방할 수 있다.

**4** 할머니께서 편찮으셔서 엄마가 집에서 할머니를 _____하신다.

**다음 단어의 뜻을 읽고, 빈칸에 알맞은 글자를 채워 넣으세요.**

**1** 아픈 사람을 찾아가 위로하는 것 ⸺ 문 ☐ (問病)

**2** 자기도 모르게 잠을 자면서 돌아다니는 등의 행동을 하는 병

⸺ 몽유 ☐ (夢遊病)

**3** 고칠 수 없는 병 ⸺ 불치 ☐ (不治病)

**4** 아파서 얻는 휴가 ⸺ ☐ 가(病暇)

**문장의 빈칸에 들어갈 알맞은 단어를 찾아 연결하세요.**

**1** 마스크를 쓰면 (          ) 감염을 막을 수 있다. ·          · 간병

**2** (          )은 아직 치료법이 없는 병이라서 연구가 많이 필요하다. ·          · 병균

**3** 내 동생은 (          )이 있어서 가끔 자다가 걸어 다닌다. ·          · 불치병

**4** 병원에서 간호사들이 환자들을 잘 (          )해 줍니다. ·          · 몽유병

## 6   짧은 글에 알맞은 어휘 찾기

✏️ 문장의 빈칸에 들어갈 알맞은 단어를 보기에서 찾아 넣으세요.

보기

병원   질병   문병   병가

우리 반 선생님께서 심한 (          )으로 인해 며칠 동안 학교에 나오지 않으셨다. 그래서 반 친구들과 함께 선생님을 (          )하러 (          )에 갔다. 선생님께서는 건강이 나빠지셔서 (          )를 내고 쉬고 계셨지만, 우리의 얼굴을 보고 많이 기뻐하셨다. 우리는 선생님께 빨리 회복하시길 바란다고 말하며 건강한 얼굴로 학교에서 다시 인사하자고 말했다.

## 7   한자 어휘로 짧은 글쓰기

✏️ 다음 한자 어휘를 넣어 짧은 글을 써 보세요.

병원

병균

# 41 夜(밤 야)를 알아볼까요?

뜻 **밤** 음 **야**

180

**야간(夜間)**

밤 **야**, 사이 **간**

해가 진 다음부터 해가 뜰 때까지

**야식(夜食)**

밤 **야**, 밥/먹을 **식**

밤중에 먹는 음식

**야학(夜學)**

밤 **야**, 배울 **학**

밤에 공부하는 것,
'야간 학교'를 줄인 말

**심야(深夜)**

깊을 **심**, 밤 **야**

깊은 밤

**3** 문장에 알맞은 어휘 찾기

 문장의 빈칸에 들어갈 알맞은 단어를 보기에서 찾아 넣으세요.

보기

야간   야식   야학   심야

**1** 내일 가족들과 _____ 영화를 보기로 했다.

**2** 나는 배가 고파서 _____으로 라면을 끓여 먹었다.

**3** _____에는 어두워서 길이 잘 보이지 않는다.

**4** 낮에 학교를 다니지 못하는 사람들은 _____을 다닌다.

## 4 어휘 확장하기

 다음 단어의 뜻을 읽고, 빈칸에 알맞은 글자를 채워 넣으세요.

**1** 퇴근 이후에 밤늦게까지 일하는 것 ―――― [ ]**근(夜勤)**

**2** 밤에 열리는 시장 ―――― [ ]**시장(夜市場)**

**3** 온도가 25℃ 이상으로 올라가는 밤 ―――― **열대**[ ]**(熱帶夜)**

**4** 낮에 쉬었다가 밤에 활동하는 특성 ―――― [ ]**행성(夜行性)**

## 5 단어 찾아 연결하기

✎ 문장의 빈칸에 들어갈 알맞은 단어를 찾아 연결하세요.

**1** 아빠는 회사에서 ( )하셔서 늦게 집에 오셨다. ·

· **야간**

**2** 우리 학교는 ( )에도 운동장이 환하게 불이 켜져 있다. ·

· **야학**

**3** 주말에 친구들과 함께 ( )에 가서 맛있는 음식을 먹었다. ·

· **야근**

**4** 나의 할머니께서는 어릴 때 ( ) 에서 밤마다 공부하셨다고 한다. ·

· **야시장**

✏️ **문장의 빈칸에 들어갈 알맞은 단어를 보기에서 찾아 넣으세요.**

**보기**

심야  야식  야행성  열대야

나는 밤에 잠이 잘 오지 않아서 마치 (                 ) 동물처럼 밤에 더 깨어 있다. 특히 (                 )가 찾아오면 방이 너무 더워서 도저히 잠들 수가 없다. 그래서 (           ) 시간에 간단한 (          )을 먹으면서 시간을 보내곤 한다. 어느 날 문득, 낮보다 밤에 더 활동적인 내가 밤살이 동물인 박쥐와 비슷하다고 생각했다.

 **7** **한자 어휘로 짧은 글쓰기**

✏️ **다음 한자 어휘를 넣어 짧은 글을 써 보세요.**

야식

야간

# 42 言(말씀 언)을 알아볼까요?

뜻 말씀 음 언

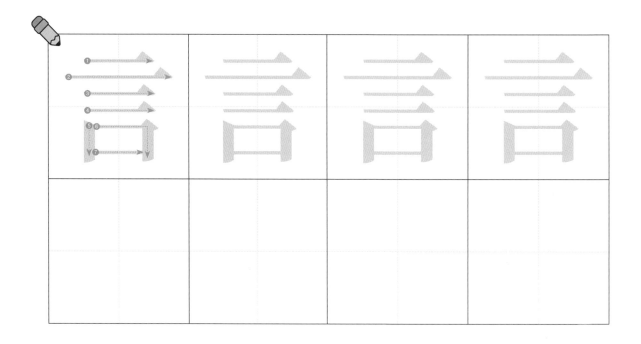

## 명언(名言)
이름 **명**, 말씀 **언**

여러 사람에게 알려진 말

## 언론(言論)
말씀 **언**, 논할 **론**

매체를 이용해 어떤
사실을 알리는 활동

## 언어(言語)
말씀 **언**, 말씀 **어**

생각이나 느낌을 전달하는
음성이나 문자

## 유언(遺言)
남길 **유**, 말씀 **언**

죽기 전에 남기는 말

**3** 문장에 알맞은 어휘 찾기

 **문장의 빈칸에 들어갈 알맞은 단어를 보기에서 찾아 넣으세요.**

> 보기
>
> 명언   언론   언어   유언

**1** 영화 속에서 주인공이 마지막으로 남긴 _____이 중요한 단서가 되었다.

**2** 나는 한국어와 영어, 두 가지 _____를 할 수 있다.

**3** _____은 뉴스를 통해 세상에서 일어나는 일들을 알려 준다.

**4** 책에서 읽은 _____이 나에게 큰 용기를 주었다.

다음 단어의 뜻을 읽고, 빈칸에 알맞은 글자를 채워 넣으세요.

**1** 앞으로 다가올 일을 미리 말하는 것 —— **예** [　] **(豫言)**

**2** 여러 사람에게 널리 말하는 것 —— **선** [　] **(宣言)**

**3** 어떤 사실을 증명하는 말 —— **증** [　] **(證言)**

**4** 다른 사람을 돕기 위해 하는 말 —— **조** [　] **(助言)**

문장의 빈칸에 들어갈 알맞은 단어를 찾아 연결하세요.

**1** 할머니께서는 돌아가시기 전에 우리 가족에게 소중한 (　　　)을 남기셨다. · · **선언**

**2** 그 책에는 미래에 무슨 일이 일어날지에 대한 (　　　)이 쓰여 있다. · · **유언**

**3** 나는 이번 학기 목표를 친구들 앞에서 (　　　)했다. · · **예언**

**4** 경찰은 범인을 찾기 위해 여러 사람의 (　　　)을 모으고 있었다. · · **증언**

**6** 짧은 글에 알맞은 어휘 찾기

✏️ 문장의 빈칸에 들어갈 알맞은 단어를 보기에서 찾아 넣으세요.

> 보기
>
> 조언  명언  언어  언론

어느 날, 나는 (          )에서 "말은 사람의 마음을 바꾸는 힘을
가진다"라는 (          )을 들었다. 이 말을 듣고 우리가 사용하는
(          )가 얼마나 큰 힘이 있는지 깨달았다. 그 말을 바탕으로
동생에게 다른 사람과 대화할 땐 항상 배려하는 말을 써야 한다고
(          )했다.

**7** 한자 어휘로 짧은 글쓰기

✏️ 다음 한자 어휘를 넣어 짧은 글을 써 보세요.

예언

언어

# 43 衣(옷 의)를 알아볼까요?

1 한자를 읽고 따라 쓰기

뜻 옷 음 의

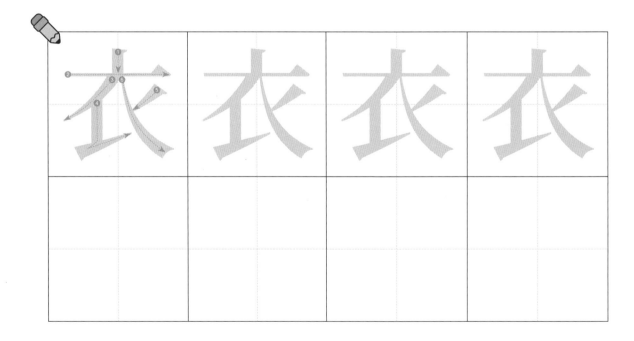

| 상의(上衣) | | 의복(衣服) |
|---|---|---|
| 윗 **상**, 옷 **의** | | 옷 **의**, 옷 **복** |
| 위에 입는 옷 | | 몸을 가리기 위해 입는 물건 |

| 탈의(脫衣) | | 내의(內衣) |
|---|---|---|
| 벗을 **탈**, 옷 **의** | | 안 **내**, 옷 **의** |
| 옷을 벗는 것 | | 몸에 겉옷이 닿지 않게 속에 입는 옷 |

**3** 문장에 알맞은 어휘 찾기

 문장의 빈칸에 들어갈 알맞은 단어를 보기에서 찾아 넣으세요.

보기

상의  의복  탈의  내의

**1** 운동 후 _____실에서 땀에 젖은 옷을 벗고 샤워했다.

**2** 한국의 전통 _____을 한복이라고 부른다.

**3** 겨울에는 따뜻한 _____를 입고 다니는 게 좋다.

**4** 오늘 나는 두꺼운 _____와 바지를 입고 학교에 갔다.

✏️ **다음 단어의 뜻을 읽고, 빈칸에 알맞은 글자를 채워 넣으세요.**

**1** 아래에 입는 옷 ── 하 ◻ (下衣)

**2** 옷, 음식, 집을 줄여 말하는 표현 ── ◻ 식주(衣食住)

**3** 옷을 입음 ── 착 ◻ (着衣)

**4** 옷 등을 모두 합해 가리키는 말 ── ◻ 류(衣類)

✏️ **문장의 빈칸에 들어갈 알맞은 단어를 찾아 연결하세요.**

**1** 수영장에 가면 수영복으로 갈아입기 위해 ( )해야 한다.   •   •   의류

**2** 병원에서는 환자들이 모두 같은 ( )를 하고 있다.   •   •   탈의

**3** 여름에는 너무 더우니 ( )를 입지 않거나 최대한 얇은 것으로 입는 게 좋다.   •   •   착의

**4** 이웃 돕기 장터를 준비하기 위해 우리 집에 있는 안 입는 ( )를 모았다.   •   •   내의

**6** **짧은 글에 알맞은 어휘 찾기**

 문장의 빈칸에 들어갈 알맞은 단어를 보기에서 찾아 넣으세요.

보기

상의   하의   의복   의식주

우리 생활에서 (                    )는 정말 중요하다. 그중에서 나는
'의'를 특히 중요하게 생각한다. (                )은 날씨와 상황에 맞
게 입어야 한다. 그래서 나는 여름에는 시원하고, 겨울에는 따뜻한
(            )와 (                )를 골라 입으려고 한다. 또 학교에 갈 때,
예식장에 갈 때 상황에 따라 다른 느낌으로 옷을 입으려고 노력한다.

**7** **한자 어휘로 짧은 글쓰기**

 다음 한자 어휘를 넣어 짧은 글을 써 보세요.

상의

내의

191

# 44 者(사람 자)를 알아볼까요?

**1** 한자를 읽고 따라 쓰기

뜻 **사람**  음 **자**

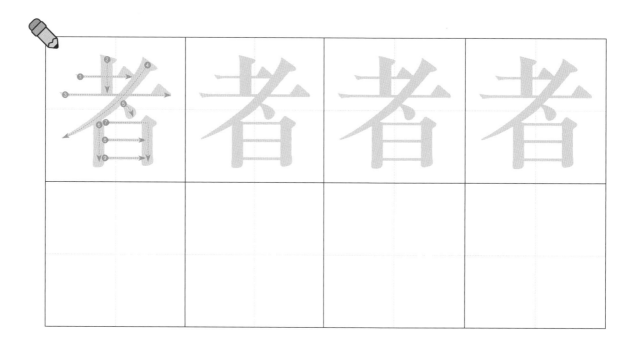

### 청자(聽者)

들을 **청**, 사람 **자**

이야기를 듣는 사람

### 부자(富者)

부유할 **부**, 사람 **자**

많은 재물을 가진 사람

### 저자(著者)

나타날 **저**, 사람 **자**

책을 쓴 사람

### 환자(患者)

근심 **환**, 사람 **자**

다치거나 병이 들어
치료를 받아야 하는 사람

**3** 문장에 알맞은 어휘 찾기

 문장의 빈칸에 들어갈 알맞은 단어를 보기에서 찾아 넣으세요.

보기

청자  부자  저자  환자

**1** 내가 좋아하는 책의 _____는 어린이책을 많이 쓰는 작가다.

**2** 옛날이야기에서는 가난한 사람과 _____가 자주 등장한다.

**3** 선생님께서 _____들이 집중하게 만들려고 목소리를 크게 하셨다.

**4** 감기에 걸린 _____가 병원에 많이 모여 있었다.

**4 어휘 확장하기**

✏️ **다음 단어의 뜻을 읽고, 빈칸에 알맞은 글자를 채워 넣으세요.**

**1** 노동을 해 돈을 벌어 사는 사람 ┈┈ **노동**☐ **(勞動者)**

**2** 물건이나 서비스에 대가를 내고 사용하는 사람 ┈┈ **소비**☐ **(消費者)**

**3** 경기나 싸움에서 진 사람 ┈┈ **패**☐ **(敗者)**

**4** TV 등의 매체를 보는 사람 ┈┈ **시청**☐ **(視聽者)**

 **5 단어 찾아 연결하기**

✏️ **문장의 빈칸에 들어갈 알맞은 단어를 찾아 연결하세요.**

**1** 할아버지께서는 ( )가 되는 법은 절약이라고 말씀하셨다. ・ ・ **청자**

**2** ( )들은 발표자의 말을 집중해서 들어야 한다. ・ ・ **부자**

**3** 게임에서 이긴 팀은 웃었지만, ( )들은 조금 속상해 보였다. ・ ・ **환자**

**4** 집 앞 병원의 의사 선생님께서는 ( )의 상태를 꼼꼼히 확인하고 진료해 주신다. ・ ・ **패자**

**6** **짧은 글에 알맞은 어휘 찾기**

✏️ 문장의 빈칸에 들어갈 알맞은 단어를 보기에서 찾아 넣으세요.

보기

소비자   시청자   저자   노동자

한 (          )가 (              )들의 삶을 다룬 책을 썼다. 저자는
TV 프로그램에 출연해 책의 내용을 소개하며 그들의 생생한 이야기
를 전했다. 이를 본 (              )들은 방송을 보고 깊이 감동했고,
책에 관심이 생겼다. 방송을 본 일부 사람이 책을 구매하기 시작했고,
다른 (              )들도 이 책에 대해 더 많은 관심을 두게 되었다.

 **7** **한자 어휘로 짧은 글쓰기**

✏️ 다음 한자 어휘를 넣어 짧은 글을 써 보세요.

부자

_____

_____

패자

_____

_____

親(친할 친)을
알아볼까요?

**1** 한자를 읽고 따라 쓰기

뜻 **친할** 음 **친**

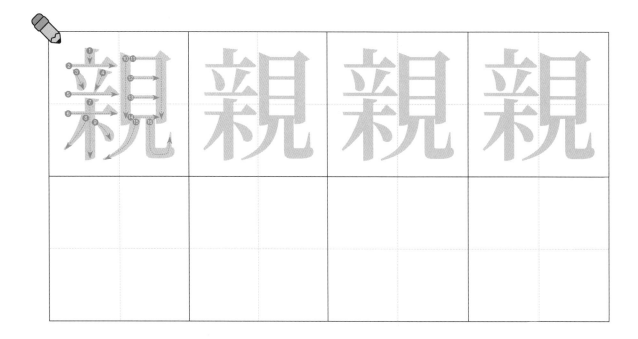

| 친가(親家) | 친구(親舊) |
|---|---|
| 친할 **친**, 집 **가** | 친할 **친**, 옛 **구** |
| 아버지의 가족 | 가깝게 오래 사귄 사람 |

親

| 친절(親切) | 친척(親戚) |
|---|---|
| 친할 **친**, 끊을 **절** | 친할 **친**, 친척 **척** |
| 정겹게 잘 대해주는 것 | 친가와 외가를 함께 가리키는 말 |

**3** 문장에 알맞은 어휘 찾기

 **문장의 빈칸에 들어갈 알맞은 단어를 보기에서 찾아 넣으세요.**

보기

친가   친구   친절   친척

**1** 길을 물어보시는 할머니께 _____하게 길을 알려드렸다.

**2** _____와 함께 공원에서 축구하며 놀았다.

**3** 설날에는 많은 _____이 우리 집에 모인다.

**4** 우리 _____는 시골에 있어서 가끔 가족들이 함께 놀러 간다.

**다음 단어의 뜻을 읽고, 빈칸에 알맞은 글자를 채워 넣으세요.**

**1** 아버지를 높여 부르는 말 ⎯ 부 ☐ (父親)

**2** 서로 뜻이 잘 맞고 정다움 ⎯ ☐ 목(親睦)

**3** 일본과 친하게 지내는 것 ⎯ ☐ 일(親日)

**4** 가깝고 친하다는 느낌 ⎯ ☐ 근감(親近感)

**문장의 빈칸에 들어갈 알맞은 단어를 찾아 연결하세요.**

**1** 버스에서 자리를 양보한 소년의 행동이 정말 (　　　)해 보였다. ・　　　・ 친구

**2** 나는 오늘 새로운 (　　　)와 함께 편의점에서 라면을 먹었다. ・　　　・ 부친

**3** (　　　)파들이 독립운동가들을 위험에 빠뜨렸다. ・　　　・ 친절

**4** 내 (　　　)께서는 매일 아침 일찍 운동하러 나가신다. ・　　　・ 친일

**6** 짧은 글에 알맞은 어휘 찾기

✏️ 문장의 빈칸에 들어갈 알맞은 단어를 보기에서 찾아 넣으세요.

> **보기**
>
> 친척   친가   친근감   친목

이번 주말에 나는 (           )들과 함께 (           )에 다녀왔다. 오랜만에 모여서 그런지 정말 반가웠다. 사촌들과 함께 놀면서 (           )을 다졌고, 나는 커다란 (           )을 느꼈다. 가족들과 보내는 시간은 항상 즐겁고 소중하다.

**7** 한자 어휘로 짧은 글쓰기

✏️ 다음 한자 어휘를 넣어 짧은 글을 써 보세요.

> 친구

_____

> 친척

_____

# 46 法(법 법)을 알아볼까요?

**1** 한자를 읽고 따라 쓰기

뜻 법 음 법

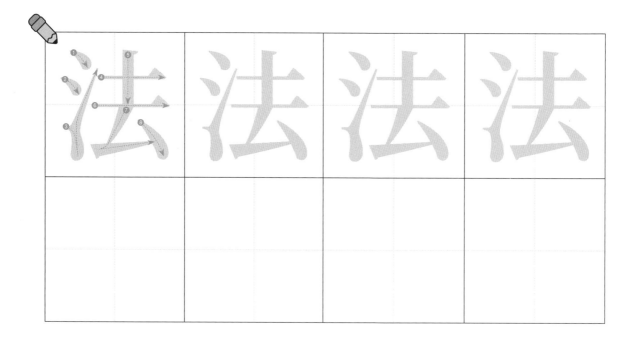

**법대(法大)**

법 **법**, 큰 **대**

법과 대학의 줄임말

**비법(祕法)**

숨길 **비**, 법 **법**

다른 사람에게 공개하지
않는 방법

法

**입법(立法)**

설 **입**, 법 **법**

법률을 만들어 정하는 것

**불법(不法)**

아닐 **불**, 법 **법**

법에 어긋나는 것

**3 문장에 알맞은 어휘 찾기**

 문장의 빈칸에 들어갈 알맞은 단어를 보기에서 찾아 넣으세요.

보기

법대   비법   입법   불법

**1** 국회에서 새로운 법을 만드는 과정을 _____ 이라고 한다.

**2** 나의 형은 _____ 에서 법을 공부하고 있다.

**3** 친구와 _____ 다운로드에 관해 이야기하며 조심해야겠다고 생각했다.

**4** 공부를 잘하는 _____ 은 꾸준히 복습하는 것이다.

## 4 어휘 확장하기

 다음 단어의 뜻을 읽고, 빈칸에 알맞은 글자를 채워 넣으세요.

**1** 국가가 정한 사회에서 지켜야 하는 기준 ──── ☐ 률(法律)

**2** 법령이나 규범에 적합한 것 ──── 합 ☐ (合法)

**3** 법령이나 규범을 어기는 것 ──── 위 ☐ (違法)

**4** 대법원과 이와 관련된 기관을 가리키는 말 ──── 사 ☐ 부(司法府)

## 5 단어 찾아 연결하기

문장의 빈칸에 들어갈 알맞은 단어를 찾아 연결하세요.

**1** 법을 만드는 (　　　) 절차는 국민이 더 안전하게 살 수 있도록 도와준다. ・　　・ 비법

**2** 교통 신호를 무시하고 지나가는 것은 (　　　) 행위다. ・　　・ 입법

**3** 법원은 (　　　　)에 속하는 기관으로, 재판을 통해 법을 지키게 한다. ・　　・ 위법

**4** 우리 엄마의 김치찌개에는 특별한 (　　　) 소스가 들어가서 정말 맛있다. ・　　・ 사법부

## 6 짧은 글에 알맞은 어휘 찾기

✏️ 문장의 빈칸에 들어갈 알맞은 단어를 보기에서 찾아 넣으세요.

> 보기
>
> 불법   법대   합법   법률

어떤 행동이 (          )인지 불법인지는 (            )에 따라 결정된다. 그래서 나는 나중에 (          )에 가서 법에 대해 더 많이 배우고 싶다. 법을 잘 알아야 사람들이 규칙을 지키며 살 수 있게 도울 수 있기 때문이다. (            )적인 행동을 막고, 모두가 합법적으로 살아가는 사회를 만드는 게 나의 꿈이다.

## 7 한자 어휘로 짧은 글쓰기

✏️ 다음 한자 어휘를 넣어 짧은 글을 써 보세요.

비법

불법

# 47 相(서로 상)을 알아볼까요?

**1** 한자를 읽고 따라 쓰기

뜻 서로  음 상

**관상(觀相)**

볼 관, 서로 상

사람의 생김새

**상담(相談)**

서로 상, 말씀 담

문제를 풀기 위해
서로 이야기하는 것

相

**상생(相生)**

서로 상, 날 생

두 명 이상이 함께
잘 살아가는 것

**상속(相續)**

서로 상, 이을 속

어떤 사람이 사망한 후에
그의 재산을 다른 사람에게 주는 일

**3 문장에 알맞은 어휘 찾기**

 **문장의 빈칸에 들어갈 알맞은 단어를 보기에서 찾아 넣으세요.**

보기

관상   상담   상생   상속

**1** 할아버지께서 아버지께 땅을 _____ 해 주셨다.

**2** 두 나라는 _____ 의 길을 찾아 서로 도우며 발전하고 있다.

**3** 친구가 어려운 일을 겪을 때, 선생님께서 _____ 을 해주셨다.

**4** 옛날에는 사람의 얼굴을 보고 미래를 점치는 _____ 가가 있었다.

**4** 어휘 확장하기

 다음 단어의 뜻을 읽고, 빈칸에 알맞은 글자를 채워 넣으세요.

**1** 일하거나 말할 때 짝이 되는 사람 —— ☐ 대방(相對方)

**2** 사람이 다른 사람과 관계를 맺는 과정 —— ☐ 호작용(相互作用)

**3** 색 자체가 본래부터 가지는 특성 —— 색 ☐ (色相)

**4** 어떤 사람을 아주 좋아해서 생기는 병 —— ☐ 사병(相思病)


**5** 단어 찾아 연결하기

 문장의 빈칸에 들어갈 알맞은 단어를 찾아 연결하세요.

**1** 부모님께서 남기신 재산을 형제들이 ( )받기로 했다. · · 관상

**2** TV에서 ( ) 전문가가 사람의 얼굴을 보고 성격을 맞히는 걸 봤다. · · 상생

**3** 동물과 자연이 함께 ( )하는 방법을 배우는 것이 중요하다. · · 상속

**4** 파란색은 내가 제일 좋아하는 ( ) 이다. · · 색상

206

## 6 짧은 글에 알맞은 어휘 찾기

 문장의 빈칸에 들어갈 알맞은 단어를 보기에서 찾아 넣으세요.

보기

상담  상대방  상호작용  상사병

친구가 요즘 (          )에 걸린 것 같다며 나에게 (        )
을 요청했다. 나는 친구와 대화를 나누며 (          )의 말을
잘 들어주는 게 관계의 핵심이라고 알려 주었다. 특히, 대화할 때
(          )이 잘 이루어진다고 느끼게 하는 게 중요하다고
설명해 주었더니 친구가 매우 고마워했다.

## 7 한자 어휘로 짧은 글쓰기

 다음 한자 어휘를 넣어 짧은 글을 써 보세요.

상담

상대방

# 48 品(물건 품)을 알아볼까요?

뜻 물건  음 품

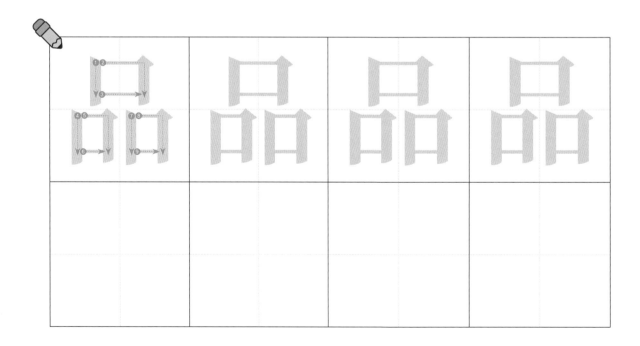

**반품(返品)**

돌이킬 **반**, 물건 **품**

산 물건을 다시 돌려보내는 것

**상품(商品)**

장사 **상**, 물건 **품**

사고파는 물건

**식품(食品)**

먹을 **식**, 물건 **품**

사람들이 먹는 음식물

**약품(藥品)**

약 **약**, 물건 **품**

병을 치료하기 위해
먹거나 바르는 것

3 문장에 알맞은 어휘 찾기

 문장의 빈칸에 들어갈 알맞은 단어를 보기에서 찾아 넣으세요.

보기

반품   상품   식품   약품

1 문구점에서 가장 인기 있는 _____은 새로 나온 지우개다.

2 우리 가족은 건강을 위해 신선한 _____을 자주 먹는다.

3 약국에서 감기약과 필요한 _____들을 샀다.

4 인터넷에서 산 물건이 마음에 들지 않아 _____을 신청했다.

## 4 어휘 확장하기

 **다음 단어의 뜻을 읽고, 빈칸에 알맞은 글자를 채워 넣으세요.**

**1** 돈과 물건을 묶어 부르는 말 ── 금☐(金品)

**2** 새롭게 만든 물건 ── 신제☐(新製品)

**3** 진짜인 물건 ── 진☐(眞品)

**4** 쓸모 있으면서 예술적 가치도 있는 물건 ── 공예☐(工藝品)

## 5 단어 찾아 연결하기

**문장의 빈칸에 들어갈 알맞은 단어를 찾아 연결하세요.**

**1** 학교 행사에서 (        )이 담긴 상자가 도난당했다는 소식을 들었다.    ·

**2** 어제 박물관에서 본 그림은 유명 화가가 그린 (        )이라고 한다.    ·

**3** 전시회에서 여러 가지 나무로 만든 (        )을 볼 수 있었다.    ·

**4** 병원에서 감기에 좋은 (        )을 처방받았다.    ·

·    약품

·    금품

·    진품

·    공예품

**6** 짧은 글에 알맞은 어휘 찾기

✏️ 문장의 빈칸에 들어갈 알맞은 단어를 보기에서 찾아 넣으세요.

보기

신제품   상품   반품   식품

마트에서 (          ) 코너 다음으로 우리가 간 곳은 아동복 판매장
이었다. 나는 그곳에서 점원에게 (          )이라고 추천받은 후
드 티를 샀다. 그런데 살 때는 몰랐는데 집에서 입어보니 내가 가
진 옷 중에는 후드 티와 어울리는 바지가 없었다. 그래서 나는 이
(          )을 (          )할지 고민이 되었다. 결국 나는 새 옷에
어울리는 바지를 하나 더 사기로 결정했다.

 **7** 한자 어휘로 짧은 글쓰기

✏️ 다음 한자 어휘를 넣어 짧은 글을 써 보세요.

식품

신제품

# 49 商(장사 상)을 알아볼까요?

뜻 장사   음 상

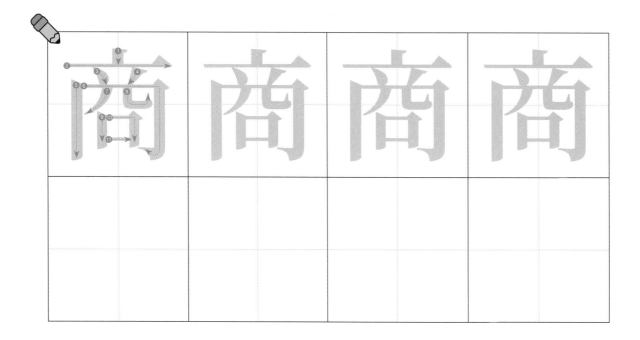

協商 협상(協商)

화합할 **협**, 장사 **상**

어떤 결정을 내리기 위해
서로 의논하는 것

상업(商業)

장사 **상**, 업 **업**

상품을 사고파는 일

商

상표(商標)

장사 **상**, 우듬지 **표**

다른 상품과 구분하기 위해
자기 상품에 남기는 글이나 그림

상점(商店)

장사 **상**, 가게 **점**

물건을 파는 곳

**3** 문장에 알맞은 어휘 찾기

 문장의 빈칸에 들어갈 알맞은 단어를 보기에서 찾아 넣으세요.

보기

협상   상업   상표   상점

**1** 두 나라가 평화를 위해 _____ 을 시작했다.

**2** 유명한 회사의 _____ 는 사람들에게 신뢰감을 준다.

**3** 우리 동네 _____ 에서는 신선한 과일과 채소를 판다.

**4** 이 지역은 다양한 가게가 있어 과거부터 _____ 이 발달했던 곳이다.

다음 단어의 뜻을 읽고, 빈칸에 알맞은 글자를 채워 넣으세요.

**1** 고물을 사고파는 가게 ┈┈ 고물 ☐ (古物商)

**2** 상업과 공업을 묶어 가리키는 말 ┈┈ ☐ 공업(商工業)

**3** 장사를 하는 사람 ┈┈ ☐ 인(商人)

**4** 상품과 바꿀 수 있는 표 ┈┈ ☐ 품권(商品券)

문장의 빈칸에 들어갈 알맞은 단어를 찾아 연결하세요.

**1** (        )의 중심지에는 항상 사람이 많이 모인다.  ·          · 협상

**2** 집에 있던 오래된 책상을 (        )에 팔았다.  ·          · 상업

**3** 나라와 나라 사이의 (        )이 잘 이루어져서 전쟁을 막을 수 있었다.  ·          · 고물상

**4** 내가 가진 돈과 (        )을 함께 사용하면 물건을 살 수 있다.  ·          · 상품권

문장의 빈칸에 들어갈 알맞은 단어를 보기에서 찾아 넣으세요.

보기

상점  상표  상인  상품권

나는 인터넷에서 본 모자를 사기 위해 (          )에 갔다. 그런데 생각했던 것보다 모자에 (          )가 너무 크게 쓰여 있어서 고민이 되었다. 그래서 (          )에게 이야기했더니 다른 모자를 추천해 주었다. 결국 나는 그 모자를 골랐고, 결제는 백화점 (          )으로 했다. 마음에 드는 모자를 살 수 있어 기쁜 날이었다.

 다음 한자 어휘를 넣어 짧은 글을 써 보세요.

상표

상품권

215

# 50 友(벗 우)를 알아볼까요?

1 한자를 읽고 따라 쓰기

뜻 벗 음 우

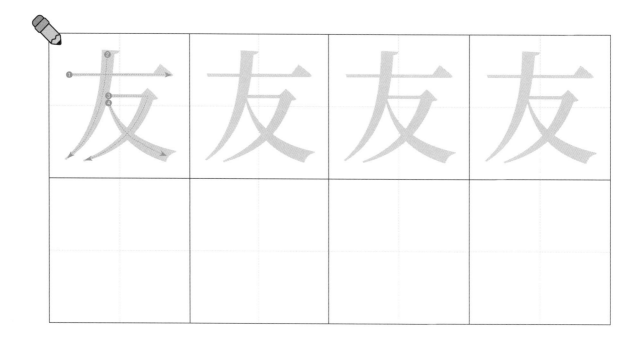

216

우정(友情)

벗 우, 뜻 정

친구 사이의 정

학우(學友)

배울 학, 벗 우

같이 공부하는 친구

友

급우(級友)

등급 급, 벗 우

같은 반에서 공부하는 친구

우군(友軍)

벗 우, 군사 군

나, 우리와 같은 편인 군대

**3** 문장에 알맞은 어휘 찾기

 문장의 빈칸에 들어갈 알맞은 단어를 보기에서 찾아 넣으세요.

보기

우정   학우   급우   우군

**1** 공부를 같이 하기 위해 다른 학교의 _____들이 왔다.

**2** 나는 _____을 소중하게 생각해서 항상 친절하게 친구들을 대한다.

**3** 전쟁에서 승리하려면 든든한 _____이 필요하다.

**4** 우리 반 _____가 전학을 가서 모두 아쉬워했다.

다음 단어의 뜻을 읽고, 빈칸에 알맞은 글자를 채워 넣으세요.

1 형제 또는 친구 사이의 정 ────── [ ] 애(友愛)

2 친구를 사귀는 것 ────── 교 [ ] (交友)

3 서로 사이가 좋은 나라 ────── [ ] 방(友邦)

4 서로 사이가 좋음 ────── [ ] 호(友好)

문장의 빈칸에 들어갈 알맞은 단어를 찾아 연결하세요.

1 힘든 일이 있을 때 나를 도와준 친구는 내 든든한 (          )이다.　·　　　·　학우

2 우리의 (          ) 나라는 국제 문제에서 우리를 도와준다.　·　　　·　우군

3 민찬이는 다른 (          )들에게 모범이 되는 친구다.　·　　　·　우애

4 형제들끼리 (          )가 깊어서 서로 도와가며 지낸다.　·　　　·　우방

## 6 짧은 글에 알맞은 어휘 찾기

문장의 빈칸에 들어갈 알맞은 단어를 보기에서 찾아 넣으세요.

보기

교우   우정   급우   우호

학교에서는 친구들과 좋은 (           ) 관계를 만드는 것이 중요하다. 그래서 나는 (          )들과 (          )적인 관계를 유지하기 위해 노력하고 있다. 도움이 필요한 친구를 돕고, 맛있고 좋은 게 있을 때는 친구들과 나누려고 한다. 친구들과 (          )을 쌓아가는 건 정말 보람 있고 즐거운 일이다.

## 7 한자 어휘로 짧은 글쓰기

다음 한자 어휘를 넣어 짧은 글을 써 보세요.

우정

우애

# 한눈에 보는 정답

## 01 學(배울 학)

**3** 학교, 학생, 수학, 입학
**4** 학자, 학비, 학과, 독학
**5** 학교, 수학, 학생, 학비
**6** 독학, 학과, 입학, 학자

## 02 記(기록할 기)

**3** 기자, 기록, 기호, 기억
**4** 일기, 암기, 기념, 필기
**5** 기록, 일기, 기념, 기호
**6** 기자, 필기, 암기, 기억

## 03 動(움직일 동)

**3** 노동, 감동, 행동, 동물
**4** 동영상, 운동, 난동, 작동
**5** 난동, 작동, 노동, 운동
**6** 동영상, 동물, 감동, 행동

## 04 名(이름 명)

**3** 명단, 가명, 명작, 명예
**4** 서명, 익명, 명찰, 작명
**5** 명찰, 명단, 서명, 작명
**6** 명작, 명예, 가명, 익명

## 05 家(집 가)

**3** 가족, 가문, 가전, 가축
**4** 국가, 가장, 가출, 핵가족
**5** 가축, 국가, 가출, 가전
**6** 가족, 핵가족, 가장, 가문

## 06 上(윗 상)

**3** 빙상, 세상, 상류, 조상
**4** 육상, 옥상, 인상, 해상
**5** 조상, 인상, 상류, 옥상
**6** 빙상, 육상, 해상, 세상

## 07 時(때 시)

**3** 시계, 시차, 시대, 시각
**4** 시절, 임시, 세시풍속, 즉시
**5** 시각, 임시, 즉시, 세시풍속
**6** 시절, 시계, 시대, 시차

## 08 食(밥 식/먹을 식)

**3** 과식, 간식, 소식, 급식
**4** 시식, 기내식, 식생활, 육식
**5** 시식, 기내식, 과식, 소식
**6** 급식, 간식, 식생활, 육식

## 09 自 (스스로 자)

3 자동, 자유, 자급, 자가

4 자신감, 자존감, 자서전, 지방자치

5 자급, 지방자치, 자동, 자가

6 자유, 자신감, 자서전, 자존감

## 10 正 (바를 정)

3 부정, 정직, 정답, 공정

4 정확, 정문, 정다각형, 훈민정음

5 정답, 정문, 훈민정음, 정다각형

6 정확, 공정, 부정, 정직

## 11 左 (왼 좌)

3 좌측, 좌천, 좌우, 좌향좌

4 좌익수, 좌지우지, 좌충우돌, 우왕좌왕

5 좌지우지, 좌향좌, 좌천, 좌우

6 좌익수, 좌측, 우왕좌왕, 좌충우돌

## 12 下 (아래 하)

3 지하, 상하, 하인, 하수

4 하위권, 하층, 하급생, 생활하수

5 하인, 지하, 하층, 생활하수

6 하위권, 하급생, 하수, 상하

## 13 海 (바다 해)

3 심해, 해녀, 해일, 해군

4 해산물, 해안선, 다도해, 해조류

5 해안선, 해일, 심해, 해군

6 해녀, 해산물, 해조류, 다도해

## 14 孝 (효도 효)

3 불효, 효도, 충효, 효행

4 효자비, 효녀, 효자손, 효심

5 충효, 효행, 효자비, 효자손

6 효도, 효녀, 효심, 불효

## 15 後 (뒤 후)

3 후기, 노후, 최후, 오후

4 방과후, 독후감, 후진국, 후손

5 노후, 후진국, 후손, 최후

6 방과후, 독후감, 오후, 후기

## 16 口 (입 구)

3 입구, 인구, 식구, 구술

4 출구, 가구, 항구, 분화구

5 가구, 분화구, 구술, 출구

6 식구, 항구, 입구, 인구

## 17 同(한가지 동)

3. 동맹, 동갑, 동거, 동포
4. 공동체, 동성, 동창, 협동
5. 동갑, 동거, 동포, 동맹
6. 동성, 동창, 협동, 공동체

## 21 色(빛 색)

3. 색지, 흑색, 채색, 염색
4. 본색, 보호색, 색연필, 변색
5. 변색, 본색, 염색, 보호색
6. 색연필, 채색, 흑색, 색지

## 18 老(늙을 로/노)

3. 노모, 노년, 노화, 노인
4. 노안, 경로당, 노약자, 노부부
5. 노모, 노인, 노안, 노년
6. 노부부, 노약자, 노화, 경로당

## 22 數(셈 수)

3. 다수, 점수, 분수, 배수
4. 과반수, 소수, 산수, 자연수
5. 소수, 산수, 다수, 배수
6. 분수, 자연수, 과반수, 점수

## 19 文(글월 문)

3. 한문, 문자, 문화, 문구
4. 논문, 문학, 문관, 문장제
5. 문자, 문화, 문관, 문구
6. 한문, 문학, 문장제, 논문

## 23 心(마음 심)

3. 심장, 동심, 관심, 진심
4. 애국심, 인내심, 호기심, 의심
5. 인내심, 심장, 의심, 애국심
6. 동심, 관심, 호기심, 진심

## 20 百(일백 백)

3. 백성, 백만, 백합, 백과
4. 백분율, 백발백중, 백화점, 백전백승
5. 백발백중, 백전백승, 백분율, 백성
6. 백화점, 백합, 백과, 백만

## 24 地(땅 지)

3. 지구, 육지, 지진, 지도
4. 지형, 관광지, 지자체, 지역
5. 지진, 지자체, 육지, 지형
6. 관광지, 지역, 지구, 지도

## 25 村(마을 촌)

3. 촌락, 부촌, 농촌, 어촌
4. 민속촌, 이촌향도, 지구촌, 산지촌
5. 지구촌, 산지촌, 민속촌, 부촌
6. 이촌향도, 농촌, 촌락, 어촌

## 29 聞(들을 문)

3. 견문, 소문, 후문, 신문
4. 풍문, 금시초문, 신문고, 청문회
5. 견문, 신문고, 소문, 청문회
6. 소문, 풍문, 금시초문, 신문

## 26 高(높을 고)

3. 고령, 고속, 최고, 고수
4. 고구려, 고졸, 고혈압, 고랭지
5. 고령, 고랭지, 고구려, 고혈압
6. 고수, 고졸, 고속, 최고

## 30 分(나눌 분)

3. 부분, 분류, 기분, 신분
4. 분리, 분만, 분자, 분명
5. 신분, 분자, 분만, 기분
6. 분리, 분류, 부분, 분명

## 27 光(빛 광)

3. 야광, 광복, 광택, 관광
4. 영광, 광선, 광합성, 형광등
5. 영광, 광합성, 야광, 광복
6. 관광, 광선, 형광등, 광택

## 31 雪(눈 설)

3. 백설, 설산, 설탕, 대설
4. 설경, 제설, 폭설, 설원
5. 제설, 백설, 설탕, 설원
6. 대설, 설산, 설경, 폭설

## 28 讀(읽을 독)

3. 다독, 낭독, 독해, 독서
4. 구독, 필독서, 독후감, 독심술
5. 낭독, 독심술, 독해, 구독
6. 다독, 필독서, 독서, 독후감

## 32 新(새 신)

3. 신입, 신혼, 신선, 신년
4. 신기록, 신세계, 신조어, 신제품
5. 신세계, 신입, 신년, 신기록
6. 신혼, 신제품, 신선, 신조어

## 33 音(소리 음)

**3.** 방음, 자음, 음악, 발음

**4.** 초음파, 음향, 음표, 잡음

**5.** 초음파, 발음, 음표, 자음

**6.** 음악, 방음, 음향, 잡음

## 37 近(가까울 근)

**3.** 근교, 근처, 근시, 최근

**4.** 근대화, 친근감, 근황, 측근

**5.** 근시, 근대화, 친근감, 근교

**6.** 최근, 근황, 근처, 측근

## 34 戰(싸움 전)

**3.** 도전, 전쟁, 실전, 휴전

**4.** 반전, 결승전, 전략, 작전

**5.** 실전, 도전, 반전, 결승전

**6.** 전쟁, 휴전, 작전, 전략

## 38 多(많을 다)

**3.** 다양, 다면, 다정, 다독

**4.** 다각형, 다국적, 다문화, 다혈질

**5.** 다혈질, 다정, 다면, 다각형

**6.** 다문화, 다양, 다국적, 다독

## 35 風(바람 풍)

**3.** 병풍, 태풍, 풍선, 소풍

**4.** 돌풍, 선풍기, 풍경, 풍속

**5.** 돌풍, 태풍, 병풍, 풍속

**6.** 소풍, 풍경, 풍선, 선풍기

## 39 目(눈 목)

**3.** 과목, 목차, 제목, 두목

**4.** 목격자, 목록, 안목, 종목

**5.** 목격자, 두목, 안목, 종목

**6.** 과목, 목록, 제목, 목차

## 36 古(옛 고)

**3.** 고목, 고전, 중고, 고궁

**4.** 고물, 고분, 고조선, 고대

**5.** 고전, 고분, 고조선, 고목

**6.** 중고, 고물, 고대, 고궁

## 40 病(병 병)

**3.** 병균, 병원, 질병, 간병

**4.** 문병, 몽유병, 불치병, 병가

**5.** 병균, 불치병, 몽유병, 간병

**6.** 질병, 문병, 병원, 병가

## 41 夜(밤 야)

3. 심야, 야식, 야간, 야학
4. 야근, 야시장, 열대야, 야행성
5. 야근, 야간, 야시장, 야학
6. 야행성, 열대야, 심야, 야식

## 42 言(말씀 언)

3. 유언, 언어, 언론, 명언
4. 예언, 선언, 증언, 조언
5. 유언, 예언, 선언, 증언
6. 언론, 명언, 언어, 조언

## 43 衣(옷 의)

3. 탈의, 의복, 내의, 상의
4. 하의, 의식주, 착의, 의류
5. 탈의, 착의, 내의, 의류
6. 의식주, 의복, 상의, 하의

## 44 者(사람 자)

3. 저자, 부자, 청자, 환자
4. 노동자, 소비자, 패자, 시청자
5. 부자, 청자, 패자, 환자
6. 저자, 노동자, 시청자, 소비자

## 45 親(친할 친)

3. 친절, 친구, 친척, 친가
4. 부친, 친목, 친일, 친근감
5. 친절, 친구, 친일, 부친
6. 친척, 친가, 친목, 친근감

## 46 法(법 법)

3. 입법, 법대, 불법, 비법
4. 법률, 합법, 위법, 사법부
5. 입법, 위법, 사법부, 비법
6. 합법, 법률, 법대, 불법

## 47 相(서로 상)

3. 상속, 상생, 상담, 관상
4. 상대방, 상호작용, 색상, 상사병
5. 상속, 관상, 상생, 색상
6. 상사병, 상담, 상대방, 상호작용

## 48 品(물건 품)

3. 상품, 식품, 약품, 반품
4. 금품, 신제품, 진품, 공예품
5. 금품, 진품, 공예품, 약품
6. 식품, 신제품, 상품, 반품

## 49 商(장사 상)

**3.** 협상, 상표, 상점, 상업

**4.** 고물상, 상공업, 상인, 상품권

**5.** 상업, 고물상, 협상, 상품권

**6.** 상점, 상표, 상인, 상품권

## 50 友(벗 우)

**3.** 학우, 우정, 우군, 급우

**4.** 우애, 교우, 우방, 우호

**5.** 우군, 우방, 학우, 우애

**6.** 교우, 급우, 우호, 우정

# 학습 어휘 찾아보기

## ㄱ

- 가구(家口) 80
- 가명(假名) 29
- 가문(家門) 33
- 가장(家長) 34
- 가전(家電) 33
- 가족(家族) 33
- 가축(家畜) 33
- 가출(家出) 33
- 간병(看病) 177
- 간식(間食) 45
- 감동(感動) 25
- 견문(見聞) 131
- 결승전(決勝戰) 152
- 경로당(敬老堂) 88
- 고구려(高句麗) 120
- 고궁(古宮) 161
- 고대(古代) 162
- 고랭지(高冷地) 120
- 고령(高齡) 119
- 고목(古木) 161
- 고물(古物) 162
- 고물상(古物商) 214
- 고분(古墳) 162
- 고속(高速) 119
- 고수(高手) 119

- 고전(古典) 161
- 고조선(古朝鮮) 162
- 고졸(高卒) 120
- 고혈압(高血壓) 120
- 공동체(共同體) 84
- 공예품(工藝品) 210
- 공정(公正) 53
- 과목(科目) 173
- 과반수(過半數) 104
- 과식(過食) 45
- 관광(觀光) 123
- 관광지(觀光地) 112
- 관상(觀相) 205
- 관심(關心) 107
- 광복(光復) 123
- 광선(光線) 124
- 광택(光澤) 123
- 광합성(光合成) 124
- 교우(交友) 218
- 구독(購讀) 128
- 구술(口述) 79
- 국가(國家) 34
- 근교(近郊) 165
- 근대화(近代化) 166
- 근시(近視) 165
- 근처(近處) 165
- 근황(近況) 166
- 금시초문(今時初聞) 132
- 금품(金品) 210
- 급식(給食) 45

- 급우(級友) 217
- 기내식(機內食) 46
- 기념(記念) 22
- 기록(記錄) 21
- 기분(氣分) 135
- 기억(記憶) 21
- 기자(記者) 21
- 기호(記號) 21

## ㄴ

- 난동(亂動) 26
- 낭독(朗讀) 127
- 내의(內衣) 189
- 노년(老年) 87
- 노동(勞動) 25
- 노동자(勞動者) 194
- 노모(老母) 87
- 노부부(老夫婦) 88
- 노안(老眼) 88
- 노약자(老弱者) 88
- 노인(老人) 87
- 노화(老化) 87
- 노후(老後) 73
- 논문(論文) 92
- 농촌(農村) 115

## ⭐ ㄷ

- 다각형(多角形) 170
- 다국적(多國籍) 170
- 다도해(多島海) 66
- 다독(多讀) 127, 169
- 다면(多面) 169
- 다문화(多文化) 170
- 다수(多數) 103
- 다양(多樣) 169
- 다정(多情) 169
- 다혈질(多血質) 170
- 대설(大雪) 139
- 도전(挑戰) 151
- 독서(讀書) 127
- 독심술(讀心術) 128
- 독학(獨學) 18
- 독해(讀解) 127
- 독후감(讀後感) 74, 128
- 돌풍(突風) 156
- 동갑(同甲) 83
- 동거(同居) 83
- 동맹(同盟) 83
- 동물(動物) 25
- 동성(同姓) 84
- 동심(童心) 107
- 동영상(動映像) 26
- 동창(同窓) 84
- 동포(同胞) 83
- 두목(頭目) 173

## ⭐ ㅁ

- 명단(名單) 29
- 명언(名言) 185
- 명예(名譽) 29
- 명작(名作) 29
- 명찰(名札) 30
- 목격자(目擊者) 174
- 목록(目錄) 174
- 목차(目次) 173
- 몽유병(夢遊病) 178
- 문관(文官) 92
- 문구(文具) 91
- 문병(問病) 178
- 문자(文字) 91
- 문장제(文章題) 92
- 문학(文學) 92
- 문화(文化) 91
- 민속촌(民俗村) 116

## ⭐ ㅂ

- 반전(反戰) 152
- 반품(返品) 209
- 발음(發音) 147
- 방과후(放課後) 74
- 방음(防音) 147
- 배수(倍數) 103
- 백과(百科) 95
- 백만(百萬) 95
- 백발백중(百發百中) 96

- 백분율(百分率) 96
- 백설(白雪) 139
- 백성(百姓) 95
- 백전백승(百戰百勝) 96
- 백합(百合) 95
- 백화점(百貨店) 96
- 법대(法大) 201
- 법률(法律) 202
- 변색(變色) 100
- 병가(病暇) 178
- 병균(病菌) 177
- 병원(病院) 177
- 병풍(屏風) 155
- 보호색(保護色) 100
- 본색(本色) 100
- 부분(部分) 135
- 부자(富者) 193
- 부정(不正) 53
- 부촌(富村) 115
- 부친(父親) 198
- 분류(分類) 135
- 분리(分離) 136
- 분만(分娩) 136
- 분명(分明) 136
- 분수(分數) 103
- 분자(分子) 136
- 분화구(噴火口) 80
- 불법(不法) 201
- 불치병(不治病) 178
- 불효(不孝) 69

· 비법(祕法) 201
· 빙상(氷上) 37

☆

· 사법부(司法府) 202
· 산지촌(山地村) 116
· 상공업(商工業) 214
· 상담(相談) 205
· 상대방(相對方) 206
· 상류(上流) 37
· 상사병(相思病) 206
· 상생(相生) 205
· 상속(相續) 205
· 상업(商業) 213
· 상의(上衣) 189
· 상인(商人) 214
· 상점(商店) 213
· 상표(商標) 213
· 상품(商品) 209
· 상품권(商品券) 214
· 상하(上下) 61
· 상호작용(相互作用) 206
· 색상(色相) 206
· 색연필(色鉛筆) 100
· 색지(色紙) 99
· 생활하수(生活下水) 62
· 서명(署名) 30
· 선언(宣言) 186
· 선풍기(扇風機) 156

· 설경(雪景) 140
· 설산(雪山) 139
· 설원(雪原) 140
· 설탕(雪糖) 139
· 세상(世上) 37
· 세시풍속(歲時風俗) 42
· 소문(所聞) 131
· 소비자(消費者) 194
· 소수(小數) 104
· 소식(小食) 45
· 소풍(逍風) 155
· 수학(數學) 17
· 시각(時刻) 41
· 시계(時計) 41
· 시대(時代) 41
· 시식(試食) 46
· 시절(時節) 42
· 시차(時差) 41
· 시청자(視聽者) 194
· 식구(食口) 79
· 식생활(食生活) 46
· 식품(食品) 209
· 신기록(新記錄) 144
· 신년(新年) 143
· 신문(新聞) 131
· 신문고(申聞鼓) 132
· 신분(身分) 135
· 신선(新鮮) 143
· 신세계(新世界) 144
· 신입(新入) 143

· 신제품(新製品) 144, 210
· 신조어(新造語) 144
· 신혼(新婚) 143
· 실전(實戰) 151
· 심야(深夜) 181
· 심장(心臟) 107
· 심해(深海) 65

☆

· 안목(眼目) 174
· 암기(暗記) 22
· 애국심(愛國心) 108
· 야간(夜間) 181
· 야광(夜光) 123
· 야근(夜勤) 182
· 야시장(夜市場) 182
· 야식(夜食) 181
· 야학(夜學) 181
· 야행성(夜行性) 182
· 산수(算數) 104
· 약품(藥品) 209
· 어촌(漁村) 115
· 언론(言論) 185
· 언어(言語) 185
· 열대야(熱帶夜) 182
· 염색(染色) 99
· 영광(榮光) 124
· 예언(豫言) 186
· 오후(午後) 73

· 옥상(屋上) 38
· 우군(友軍) 217
· 우방(友邦) 218
· 우애(友愛) 218
· 우왕좌왕(右往左往) 58
· 우정(友情) 217
· 우호(友好) 218
· 운동(運動) 26
· 위법(違法) 202
· 유언(遺言) 185
· 육상(陸上) 38
· 육식(肉食) 46
· 육지(陸地) 111
· 음악(音樂) 147
· 음표(音標) 148
· 음향(音響) 148
· 의류(衣類) 190
· 의복(衣服) 189
· 의식주(衣食住) 190
· 의심(疑心) 108
· 이촌향도(離村向都) 116
· 익명(匿名) 30
· 인구(人口) 79
· 인내심(忍耐心) 108
· 인상(引上) 38
· 일기(日記) 22
· 임시(臨時) 42
· 입구(入口) 79
· 입법(立法) 201
· 입학(入學) 17

☆ ㅈ

· 자가(自家) 49
· 자급(自給) 49
· 자동(自動) 49
· 자서전(自敍傳) 50
· 자신감(自信感) 50
· 자연수(自然數) 104
· 자유(自由) 49
· 자음(子音) 147
· 자존감(自尊感) 50
· 작동(作動) 26
· 작명(作名) 30
· 작전(作戰) 152
· 잡음(雜音) 148
· 저자(著者) 193
· 전략(戰略) 152
· 전쟁(戰爭) 151
· 점수(點數) 103
· 정다각형(正多角形) 54
· 정답(正答) 53
· 정문(正門) 54
· 정직(正直) 53
· 정확(正確) 54
· 제목(題目) 173
· 제설(除雪) 140
· 조상(祖上) 37
· 조언(助言) 186
· 종목(種目) 174
· 좌우(左右) 57
· 좌익수(左翼手) 58

· 좌지우지(左之右之) 58
· 좌천(左遷) 57
· 좌충우돌(左衝右突) 58
· 좌측(左側) 57
· 좌향좌(左向左) 57
· 중고(中古) 161
· 즉시(卽時) 42
· 증언(證言) 186
· 지구(地球) 111
· 지구촌(地球村) 116
· 지도(地圖) 111
· 지방자치(地方自治) 50
· 지역(地域) 112
· 지자체(地自體) 112
· 지진(地震) 111
· 지하(地下) 61
· 지형(地形) 112
· 진심(眞心) 107
· 진품(眞品) 210
· 질병(疾病) 177

☆ ㅊ

· 착의(着衣) 190
· 채색(彩色) 99
· 청문회(聽聞會) 132
· 청자(聽者) 193
· 초음파(超音波) 148
· 촌락(村落) 115
· 최고(最高) 119

- 최근(最近) 165
- 최후(最後) 73
- 출구(出口) 80
- 충효(忠孝) 69
- 측근(側近) 166
- 친가(親家) 197
- 친구(親舊) 197
- 친근감(親近感) 166, 198
- 친목(親睦) 198
- 친일(親日) 198
- 친절(親切) 197
- 친척(親戚) 197

## ㅌ

- 탈의(脫衣) 189
- 태풍(颱風) 155

## ㅍ

- 패자(敗者) 194
- 폭설(暴雪) 140
- 풍경(風景) 156
- 풍문(風聞) 132
- 풍선(風船) 155
- 풍속(風俗) 156
- 필기(筆記) 22
- 필독서(必讀書) 128

## ㅎ

- 하급생(下級生) 62
- 하수(下手) 61
- 하위권(下位圈) 62
- 하의(下衣) 190
- 하인(下人) 61
- 하층(下層) 62
- 학과(學科) 18
- 학교(學校) 17
- 학비(學費) 18
- 학생(學生) 17
- 학우(學友) 217
- 학자(學者) 18
- 한문(漢文) 91
- 합법(合法) 202
- 항구(港口) 80
- 해군(海軍) 65
- 해녀(海女) 65
- 해산물(海産物) 66
- 해상(海上) 38
- 해안선(海岸線) 66
- 해일(海溢) 65
- 해조류(海藻類) 66
- 핵가족(核家族) 34
- 행동(行動) 25
- 협동(協同) 84
- 협상(協商) 213
- 형광등(螢光燈) 124
- 호기심(好奇心) 108
- 환자(患者) 193

- 효녀(孝女) 70
- 효도(孝道) 69
- 효심(孝心) 70
- 효자비(孝子碑) 70
- 효자손(孝子손) 70
- 효행(孝行) 69
- 후기(後記) 73
- 후문(後聞) 131
- 후손(後孫) 74
- 후진국(後進國) 74
- 훈민정음(訓民正音) 54
- 휴전(休戰) 151
- 흑색(黑色) 99

# 국어가 쉬워지는 초등 필수 한자 어휘 50

**초판 1쇄 발행** 2025년 2월 10일

**지은이** 올바른초등교육연구소
**브랜드** 온더페이지
**출판 총괄** 안대현
**책임편집** 이제호
**편집** 김효주, 심보경, 정은솔
**마케팅** 김윤성
**표지·본문디자인** 김혜림
**그림** 김이레

**발행인** 김의현
**발행처** 사이다경제
**출판등록** 제2021-000224호(2021년 7월 8일)
**주소** 서울특별시 강남구 테헤란로33길 13-3, 7층(역삼동)
**홈페이지** cidermics.com
**이메일** gyeongiloumbooks@gmail.com (출간 문의)
**전화** 02-2088-1804 **팩스** 02-2088-5813
**종이** 다올페이퍼 **인쇄** 재영피앤비
ISBN 979-11-94508-06-9 (63710)